IX 9Marks

العلامات التسع / سلسلة الخطوات العشر الأولى

# الخدمة

## كيف أُعطي مقابل ما أخذتُ؟

**ميز ماكونيل**

تحرير السلسلة في الإنجليزية: ميز ماكونيل

CHRISTIAN FOCUS

IX 9Marks

ذهن جديد

Originally Published by Christian Focus Publications Ltd., under the title *Service. How Do I Give Back?* Translated by permission. All rights reserved.

9Marks ISBN: 978-1-958168-28-8

**اسم الكتاب:** الخدمة. كيف أُعطي مقابل ما أخذتُ؟

**المؤلف:** ميز ماكونيل

**الناشر للطبعة العربية:** خدمة «ذهن جديد»

www.zehngadid.org

**مسؤول الخدمة:** الدكتور/ ياسر فرح

**ترجمة:** جرجس كامل يوسف

**مراجعة:** ساندرا سامح

**المطبعة:** سان مارك

**رقم الإيداع:** 2021/27269



اقتباسات النصوص الكتابيَّة مأخوذةٌ من ترجمةِ البستاني – ڤاندايك، إلَّا إذا أُشيرَ إلى غيرِ ذلك.

**الخدمـة؛ كيـف أُعطـي مقابـل مـا أخـذتُ؟** هـو مُقدِّمـة رائعـة لمـا يعنيـه أن نعيـش بصفتنـا مسيحيِّين، فهـي تُقـدِّم الأسـس الرئيسيَّة للخدمـة الصحيَّة بطريقـة جذَّابـة. ومـرارًا وتكـرارًا، تُبسِّـط الأفـكار العميقـة وتُطبِّقهـا بشـكل عميـق وعملـي.

– تيم تشيستر،

راعي كنيسة النعمة، بوروبريدج، يوركشاير؛ وعضو هيئة تدريس تدريب كروس لاندز (Crosslands Training)؛ ومؤلِّف عدَّة كتب.

ربَّمـا «يتعثَّـر» المسـيحيُّون غالبًـا فـي نموِّهـم الروحـيِّ، إذ يتلقَّـون مـن الكنيسـة دون أن يعطـوا نظيـرَ مـا نالـوه. يُقـدِّم هـذا الكتـاب المفيـد خطـوات عمليَّـة للمؤمنيـن – خاصـة المؤمنيـن غيـر الكنسـيِّين أو الجـدد – للتغلُّـب علـى تردُّدهـم، واكتشـاف مواهبهـم الروحيَّـة، والخدمـة بدافـع الإنجيـل. بالنسـبة للرعـاة الذيـن يحتاجـون إلـى مسـاعدة في تشـجيع شـعبهم علـى خدمـة الكنيسـة، فـإن هـذا هـو أول كتـاب أوصيهـم بـه.

– جافن أورتلاند الراعي الأساسي للكنيسة المعمدانيَّة الأولى، أوجاي، كاليفورنيا؛ ومؤلِّف كتاب «**الاسترداد اللاهوتي للإنجيليِّين وإيجاد التلال الصحيحة للموت**»
(*Theological Retrieval for Evangelicals and Finding the Right Hills to Die On*)

**الخدمـة؛ كيـف أُعطـي مقابـل مـا أخـذتُ؟** هـو معالجـة مكتوبـة جيِّـدًا وسـهلة الفهـم وشـاملة للخضـوع «الشـامل للحيـاة» الـذي يدعـو إليـه يسـوع جميـع أتباعـه. ويـزوِّد المؤلِّـفُ كلَّ فصـل بأمثلـة سـرديَّة تسـمح للقـرَّاء بوضـع أنفسـهم فـي القصَّـة العظيمـة لاتبـاع الملـك يسـوع بصفتهـم تلاميـذه

الخـدَّام. هـذا الكتـاب عملـيٌّ بشـكل فـوريٍّ، وسـهل القـراءة بشـكل ممتـع، ومفيـد رعويًّـا فـي تكويـن تلاميـذ وتعريـف النـاس بيسـوع.

– دوج لوجان، الابن. مدير مشارك خدمة «الكنيسة في الأماكن الصعبة من خلال أعمال ٢٩» (*Church in Hard Places with Acts 29*)، رئيس معهد جريمكيه (Grimké) الإكليريكيِّ، ريتشموند، فيرجينيا، مؤلِّف كتاب «**تطوير صورة كتابيَّة للانخراط في الخدمة التبشيريَّة**» (*Developing a Biblical Picture for Missional Engagement*).

# المحتويات

# تقديم

هـذا الكتـاب الـذي بيـن يديـك، هـو الأخيـر فـي مجموعـة مكوَّنـة مـن ١٠ كتـب أُعـدَّت لسـنوات عديـدة. كان الهـدفُ مـن هـذه السلسـلة بأكملهـا هـو تقديـم مجموعـة متتابعـة مـن مصـادر التلمـذة التـي سـتوجِّه المؤمنيـن الجُـدُد عَبْـرَ أساسـيَّات الإيمـان المسـيحيِّ.

يسـتند هـذا الكتـابُ الأخيـر علـى الفرْضيَّـة المنطقيَّـة لأفسـس ٤: ١١–١٣. كان المسـيح نفسـه قـد أعـدَّ الرسـل والأنبيـاء والمُبشِّـرين والرعـاة والمُعلِّميـن لتجهيـز شـعبه لأعمـال الخدمـة، حتَّـى يُبنـى جسـدُ المسيح لنَصِـلَ جميعًـا إلـى الوحـدة فـي الإيمـان، وننمـو فـي معرفـة ابـن الله، ونبلـغ كامـل قامـة مـلء المسـيح. كان الهـدفُ مـن سلسـلتنا بأكملهـا هـو تنميـة تلاميـذ ليسـوع يبنـون، بدورهـم، بعضُهـم البعـض فـي الإيمـان ويسـتمرُّون فـي خدمـة جسـد الكنيسـة الأوسـع لمجـد الله.

ليبـاركْك الـربُّ بغنـى وأنـت تقـرأ وتعلِّـم الـدروس الموضَّحـة في هذا الكتاب.

ميز ماكونيل

فبراير ٢٠٢٠

# مُقدِّمة السلسلة

تساعد سلسلة الخطوات العشر الأولى في إعداد من جاءوا من خلفيَّة لم يحضروا فيها الكنيسة في صغرهم على أخذ الخطوات الأولى في اتِّباع يسوع. نُسمّي هذا «الطريق إلى الخدمة»، لأننا نؤمن أن كل مؤمن ينبغي أن يتم تجهيزه ليكون خادمًا للمسيح وكنيسته بغض النظر عن خلفيَّته أو خبرته في الحياة.

إن كنت قائدًا في الكنيسة وتقوم بالخدمة في أماكن صعبة، استخدم هذه الكتب كأداة لتساعدك في تنمية من لا يألفون تعاليم يسوع لتجعلهم تلاميذًا جُدُدًا. سوف تُجهِّزهم هذه الكتب لكي ينموا في الشخصية والمعرفة والعمل.

أو إن كنت أنت نفسك جديدًا في الإيمان المسيحي، ولا زلت تصارع حتى تفهم معنى أن يكون المرء مسيحيًّا، أو ماذا يقول الكتاب المُقدَّس فعليًّا، فسيكون هذا دليلًا سهل الفهم بالنسبة لك بينما تخطو أولى خطواتك كتابع ليسوع.

هناك طُرُق كثيرة يمكنك أن تستعمل بها هذه الكتب:

- يمكن استخدامها من قِبَل شخص واحد يقرأ المحتويات ببساطة ويجيب عن الأسئلة بمفرده.
- كما يمكن استخدامها في صورة لقاء بين شخصين، حيث يقرأ الاثنان المادة المكتوبة قبل أن يلتقيا ثم يناقشان الأسئلة معًا.

- كمـا يمكـن اسـتخدامها فـي صـورة مجموعـة حيـث يُقـدِّم القائـد المـادة فـي صـورة حديـث أو عظـة، ويتوقَّـف عنـد نقـاط معينـة للمناقشـة داخـل المجموعـة.

سوف يُحدِّد إعدادك أفضل طريقة لاستعمال هذا الدليل.

## دليل المُستَخْدِم

بينما تقوم بالدراسة سوف تصادفك الرموز التالية ...

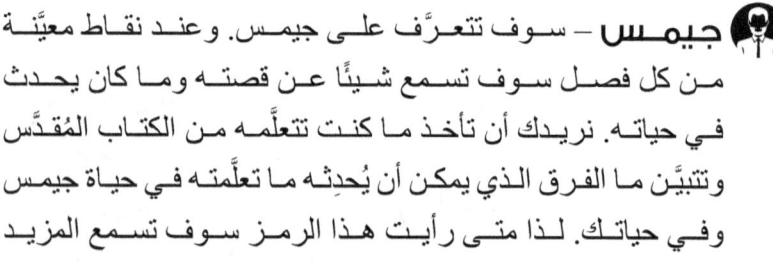

**جيمس** – سوف تتعرَّف على جيمس. وعند نقاط معيَّنة من كل فصل سوف تسمع شيئًا عن قصته وما كان يحدث في حياته. نريدك أن تأخذ ما كنت تتعلَّمه من الكتاب المُقدَّس وتتبيَّن ما الفرق الذي يمكن أن يُحدِثه ما تعلَّمته في حياة جيمس وفي حياتك. لذا متى رأيت هذا الرمز سوف تسمع المزيد عن قصته.

**توضيح** – من خلال أمثلة وسيناريوهات مأخوذة من الحياة الواقعية، سوف تساعدنا هذه الفقرات على فهم النقطة المطلوب إثباتها وتوضيحها.

**تَوَقَّف** – عندما نصل إلى نقطة هامة أو صعبة سوف نطلب منك أن تتوقَّف وتقضي بعض الوقت في التفكير أو الحديث عمَّا تعلَّمناه للتو. ربما يجيب هذا عن بعض الأسئلة، أو ربما يقودنا هذا إلى سماع المزيد من قصة جيمس.

**آية مفتاحيَّة** – الكتاب المُقدَّس هو كلمة الله لنا، وبالتالي يُمثِّل الكلمة الفاصلة بالنسبة لنا في كل شيء علينا أن نؤمن به وكيف علينا أن نسلك. بالتالي نريد أن نقرأ الكتاب المُقدَّس أولًا،

ونريد أن نقرأه بعناية. لذا متى رأيت هذا الرمز عليك أن تقرأ أو تُنصِت إلى الفقرة الكتابية ثلاث مرات. إن شَعَر الشخص الذي تقرأ معه الكتاب المُقدَّس بالارتياح، اجعله يقرأ الفقرة مرة واحدة على الأقل.

**آية للحفظ** – في ختام كل فصل سوف نقترح آية كتابية للحفظ. لقد وجدنا أن حفظ الآيات الكتابية أمر مؤثِّر بحق في بيئتنا. سوف تتعلَّق الآية (أو الآيات) بشكل مباشر بالمواضيع التي غَطَّيْناها في الفصل.

**مُلخَّص** – كذلك عند نهاية كل فصل وضعنا مُلخَّص قصير لمحتويات هذا الفصل. إن كنت تقوم بدراسة الكتاب مع شخص آخر، ربما يكون من المفيد العودة إلى ذلك المُلخَّص عندما تستأنف محتويات الأسبوع السابق.

# مقدمة

لقد كنَّا نسأل الأسئلة الكبيرة في هذه الكتب. مَن نحن؟ من هو الله؟ هل الله حقيقيٌّ؟ لقد فكَّرنا فيما إذا كان يمكن الوثوق بالكتاب المُقدَّس، وما إذا كان يسوعُ هو المُخلِّص الذي يقول إنَّه هو. فإذا كان من الممكن الوثوقُ بالكتاب المُقدَّس، وإذا كان الله حقيقيًّا، وإذا كان يسوعُ هو المُخلِّص (ونعلم جميعًا أنَّنا بحاجة إلى الخلاص)، فقد وجدنا إجاباتنا عن أكبر الأسئلة في الحياة.

لذا، إن كنتَ تثق الآن بيسوع، فقد أظهر لك الروحُ القدس أنَّه هو الملك وأنَّك تنوي العيش من أجله. فأنت تريد أن تسمع كلمته؛ تريد أن تفعل ما يقوله وتخبر الآخرين عن الرجاء الذي وجدته فيه. قد تبدو الأمور ورديَّة، فها أنت تعيش من أجل يسوع! مستمتعًا بشعبه، الكنيسة! لقد غُفِر لك! لقد تغيَّرتَ!

ثمَّ تندفع مباشرةً إلى الدعوة المسيحيَّة لخدمة الآخرين. من الواضح في الكتاب المُقدَّس أنَّ الله قد باركنا حتَّى نكونَ سبب بركة للآخرين. لكنَّ التفاصيل الدقيقة لهذه الخدمة ليست سهلة. قد يبدو الأمر مُملًّا، وغالبًا ما يكون مزعجًا ومُحبطًا أو مُعطِّلًا. فنحن، عندما نحاول خدمة الآخرين، إنَّما نواجه خطايانا وخطاياهم. نحن نواجه الأكاذيب التي تخبرنا أنَّه ليس بمقدورنا أن نفعل ذلك، فنحن لا نستحقُّ شيئًا، وليس لدينا ما نقدِّمه.

لكنَّ الحقَّ الإنجيليَّ يغيِّر كلَّ هذا. فإنَّ رجاءَنا الآن ليس فيما يمكننا القيام به، ولكن في عمل المسيح فينا.

سنطرح في هذا الكتاب المزيد من القضايا والأسئلة العمليَّة. وإذ نثق الآن بيسوع، وبعد أن صار هو من يملك علينا الآن؛ فكيف نواصل الخدمة ونتبعه يومًا بعد يوم؟

هل هناك من بلغ به الحالُ أنَّه لم يعُد قادرًا على مساعدة الآخرين؟ لماذا علينا أن نخدم على أي حال؟ ماذا عن وقتي، أغراضي، أموالي؛ هل يجب أن أعطيها كلَّها؟ كيف يمكنني أن أعطي إذا لم يكن لديَّ ما يكفي لنفسي ولعائلتي؟ مَن المفترض أن أخدم؟ ماذا لو كنتُ لا أريد أن أفعل ذلك؟ ما الذي سيحفِّزني؟ ما كلُّ هذا الكلام عن «المواهب الروحيَّة»؛ هل لديَّ أيٌّ منها؟ إذا كان الأمرُ كذلك، كيف يمكنني استخدامها؟

يمكنك قراءة هذا الكتاب بمفردك أو مع الأصدقاء، ولكن يمكنك قراءته برغبة في معرفة المزيد عن يسوع ومكانك بوصفك خادمًا في جسده الحبيب، الكنيسة.

# تَقَابَل مع جيمس

جيمس هو مَسيحيٌّ جديد من خلفيَّة الطبقة العاملة. نشأ في منطقة سكنيَّة صعبة مملوكة للمجلس المحلِّي، في ميدلاندز، إنجلترا. لقد حارب إدمان الكحول على نحوٍ متقطِّع لسنوات عديدة لكنَّه أقلع تمامًا عن الشرب منذ تحوُّله إلى المسيح قبل اثني عشر شهرًا.

جيمس في مُنتصف الثلاثينيَّات من عمره، أعزب ولم يسبق له أن شغل وظيفة ثابتة. يتسكَّع حول مبنى الكنيسة معظم أيَّام الأسبوع ويشكو غالبًا من الملل. وهو يدَّعي أنَّه مريض لدرجة تمنعه من العمل ويخشى أن تؤثِّر وظيفة بدوام جزئيٍّ على ما يتمتَّع به من مزايا حكوميَّة. لقد وافق على دراسة الكتاب المُقدَّس معكم في موضوع الخدمة المسيحيَّة.

## ما المقصود؟

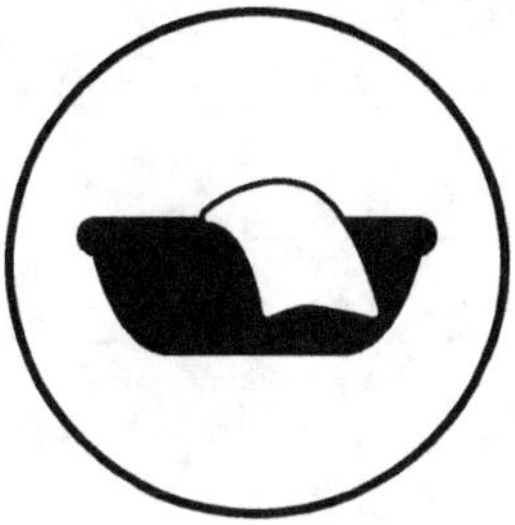

لا يتعلّق الأمرُ بي، إنّه يتعلّق باللّه ومجده.

# ١- هل يمكن أن يستخدم اللّهُ شخصًا مثلي؟

## من الذي يستخدمُه اللّه؟!

هل يمكنك أن تتخيَّل أنَّ الله يستخدم زانية؟ ماذا عن أرملةٍ وحيدة تحزن على فقدان زوجها وابنيها؟ أو مراهقة حامل غير متزوِّجة؟ كيف يمكن لمثل هؤلاء النساء أن يكُنَّ مفيدات للربِّ؟

ماذا عن استخدام جبان في واحدة من أكثر عمليَّات الإنقاذ دراماتيكيَّة على الإطلاق؟ أو راعي غنم صغير يُسقط ويهزم ألدَّ أعداء إسرائيل؟ وماذا عن الرجل الذي أرسل زوج امرأة أخرى إلى الموت ليحصل على زوجته؟ أو رجل تحرِّكه شهواته الذكوريَّة ولا يستطيع مقاومة إغراءات امرأة جميلة؟

صدِّقْ أو لا تصدِّق، هذه كلُّها قصص حقيقيَّة في الكتاب المُقدَّس.

استخدم الله راحاب الزانية لمساعدة جواسيسه على الهروب من أريحا عندما كانوا يفتِّشون ويبحثون عن أرض الموعد (يشوع ٢).

استخدم الله نُعمي لتحقيق زواج راعوث وبوعز، ممَّا أدَّى في النهاية إلى ولادة يسوع (راعوث ٣-٤).

استخدم الله مريم الشابة لتحبل وتلد ابن الله يسوع (لوقا ١: ٢٦-٣٨).

استخدم الله موسى المُرتعد والمتلعثم لإنقاذ شعب الله من العبوديَّة في مصر (خروج ٤).

استخدم الله الشاب داود ومقلاعه لإسقاط جليات بحجر واحد فقط (١ صموئيل ١٧).

استخدم الله داود بوصفه ملكًا لقيادة أمَّة إسرائيل، حتَّى أنَّه دعاه «رجل حسب قلب الله»؛ على الرغم من أنَّ داود زنى مع بثشبع التي حملت منه، ثمَّ قتل زوجها أوريَّا للتستُّر على الأمر (٢ صموئيل ١١).

استخدم الله شمشون، بعد ملاحقته الحمقاء للعديد من النساء والبوح بسرِّ قوَّته لدليلة بدافع الحبِّ، ليحكم بالموت بشكل دراميٍّ على الفلسطينيِّين في لحظة موته (قضاة ١٤-١٦).

يزخَرُ الكتابُ المُقدَّسُ بالضعفاء والخُطاة الذين يفشلون دائمًا في فعل الصواب.

**جيمس**

لماذا؟! لماذا يمتلئ الكتاب المُقدَّس بالفاشلين وغير الأسوياء والمُجرمين؟ أليس المقصود من الكتاب المُقدَّس أن يوضِّح لنا كيف يجب أن نحيا، وكيف نفعل الشيء الصحيح؟

## تَوَقَّف

ما رأينا في سؤال جيمس؟ هل هو على حقٍّ أم أنّه مخطئ؟

هل من الأسباب التي لأجلها أعطانا الله هذه القصص أن نشعر بالراحة تجاه أنفسنا؟ أعني عندما نقيس أنفسنا على هذه المجموعة من الخاسرين، فمن السهل الاعتقاد أنَّنا على الأقلّ لسنا مثلهم بهذا السوء! أم أنَّ الله يرينا هذه الإخفاقات بمثابة تحذير لنا؟ ربَّما تكون هذه هي طريقة الله ليقول لنا: «احترسوا، قد يحدث هذا لكم».

لا أعتقد أنَّ أيًّا من هذه الأفكار صحيح. لم يُكتَبْ الكتابُ المُقدَّس ليجعلنا نشعر بتحسُّن، كما أنَّه ليس تحذيرًا من أنَّ ما حدث للناس في ذلك الوقت يمكن أن يحدث لنا اليوم. هذا لا يعني أنَّه لا توجد عواقب لخطايانا.

من الواضح أنَّ هناك عواقب. لكنِّي أعتقد أنَّنا نقرأ هذه القصص في كتبنا المُقدَّسة لأنَّها تهدف إلى دفعنا نحو يسوع. تهدف إلى مساعدتنا على إدراك ما يلي:

## نحن بحاجة إلى بطل

إليكم المغزى: لا يتعلَّقُ الكتابُ المُقدَّس بالأشخاص الموجودين فيه، ولا يتعلَّق الكتاب المُقدَّس بك أو بي بشكل أساسيٍّ. نعم، يحتوي الكتاب المُقدَّس على «ما يجب فعله وما لا يجب فعله»، ولكنَّه ليس مجموعة من القواعد في الأساس.

يـدورُ الكتـابُ المُقـدَّس حـول الله. الله هـو البطـل والشـخصيَّة الرئيسـيَّة والعمـل الرئيسـي والنجـمُ الـذي تتَّجـه إليـه الأنظـار!

## توضيح

ليـس مـن شـيء يماثـلُ مشـهد معركـة مثيـر. فكِّـر فـي «**مملكـة الخواتـم**» (*Lord of the Rings*)؛ يتقـدَّم الأخيـار، يصارعـون، فقـط ليتقدَّمـوا مـرَّة أخـرى. نحـن نحبُّ الأمـر أكثـر عندمـا يتجمَّـع المُستضعَف لهزيمـة المتنمِّـر الأكبـر فـي الحيـاة. لكـن فـي قصَّـة الله، فـإنَّ الوحيـد الـذي يفـوز بـأيِّ نصرٍ هـو الله. تُظهـر لنـا إحـدى القصـص لرَجُلٍ مملـوء بالخـوف اسـمه جدعـون، مـدى اهتمـام الله بمجـده. لقـد قلَّـل الله عمـدًا جيـش الإسـرائيليِّين مـن حوالـي ٣٢,٠٠٠ إلـى ٣٠٠ رجـل فقـط، فقـط حتَّـى لا يظنُّوا أنَّهم هم الذين انتصروا في المعركة:

**«وَقَـالَ ٱلـرَّبُّ لِجِدْعُونَ: «إِنَّ ٱلشَّـعْبَ ٱلَّـذِي مَعَكَ كَثِيرٌ عَلَـيَّ لِأَدْفَعَ ٱلْمِدْيَانِيِّيـنَ بِيَدِهِـمْ، لِئَـلَّا يَفْتَخِـرَ عَلَـيَّ إِسْـرَائِيلُ قَائِلًا: يَـدِي خَلَّصَتْنِي. وَٱلْآنَ نَـادِ فِـي آذَانِ ٱلشَّـعْبِ قَائِـلًا: مَـنْ كَانَ خَائِفًـا وَمُرْتَعِدًا فَلْيَرْجِعْ وَيَنْصَرِفْ مِـنْ جَبَلِ جِلْعَـادَ». فَرَجَـعَ مِـنَ ٱلشَّـعْبِ ٱثْنَـانِ وَعِشْـرُونَ أَلْفًـا. وَبَقِـيَ عَشَـرَةُ آلَافٍ.**

**وَقَـالَ ٱلـرَّبُّ لِجِدْعُـونَ: «لَـمْ يَـزَلِ ٱلشَّـعْبُ كَثِيـرًا. اِنْـزِلْ بِهِـمْ إِلَـى ٱلْمَـاءِ فَأُنَقِّيَهُـمْ لَـكَ هُنَـاكَ. وَيَكُـونُ أَنَّ ٱلَّـذِي أَقُـولُ لَـكَ عَنْـهُ: هَـذَا يَذْهَـبُ مَعَـكَ، فَهُـوَ يَذْهَـبُ مَعَـكَ. وَكُلُّ مَـنْ أَقُـولُ لَـكَ عَنْـهُ: هَـذَا لَا يَذْهَـبُ مَعَـكَ فَهُـوَ لَا يَذْهَـبُ» ... فَأَخَـذَ ٱلشَّـعْبُ زَادًا بِيَدِهِـمْ مَـعَ أَبْوَاقِهِـمْ. وَأَرْسَـلَ سَـائِرَ رِجَـالِ إِسْـرَائِيلَ كُلَّ وَاحِـدٍ إِلَـى خَيْمَتِـهِ،**

**وَأَمْسَكَ ٱلثَّلَاثَ مِئَةِ ٱلرَّجُلِ. وَكَانَتْ مَحَلَّةُ ٱلْمِدْيَانِيِّينَ تَحْتَهُ فِي ٱلْوَادِي.**

**... وَقَسَمَ ٱلثَّلَاثَ مِئَةِ ٱلرَّجُلِ إِلَى ثَلَاثِ فِرَقٍ...**

**... فَجَاءَ جِدْعُونُ وَٱلْمِئَةُ ٱلرَّجُلِ ٱلَّذِينَ مَعَهُ إِلَى طَرَفِ ٱلْمَحَلَّةِ فِي أَوَّلِ ٱلْهَزِيعِ ٱلْأَوْسَطِ، وَكَانُوا إِذْ ذَاكَ قَدْ أَقَامُوا ٱلْحُرَّاسَ، فَضَرَبُوا بِٱلْأَبْوَاقِ وَكَسَّرُوا ٱلْجِرَارَ ٱلَّتِي بِأَيْدِيهِمْ. فَضَرَبَتِ ٱلْفِرَقُ ٱلثَّلَاثُ بِٱلْأَبْوَاقِ وَكَسَّرُوا ٱلْجِرَارَ، وَأَمْسَكُوا ٱلْمَصَابِيحَ بِأَيْدِيهِمِ ٱلْيُسْرَى وَٱلْأَبْوَاقَ بِأَيْدِيهِمِ ٱلْيُمْنَى لِيَضْرِبُوا بِهَا، وَصَرَخُوا: «سَيْفٌ لِلرَّبِّ وَلِجِدْعُونَ». وَوَقَفُوا كُلُّ وَاحِدٍ فِي مَكَانِهِ حَوْلَ ٱلْمَحَلَّةِ. فَرَكَضَ كُلُّ ٱلْجَيْشِ وَصَرَخُوا وَهَرَبُوا».** (قضاة ٧: ٢–٤، ٨، ١٦، ١٩–٢١)

## جيمس

ما زلتُ لا أرى كيف يمكن أن يستخدم الله شخصًا مثلي. ليس لديَّ مهارات أو خبرات أو خلفيَّة. إذا كانت لديَّ بعض المؤهِّلات، أو مارست التلمذة أو كنت مسيحيًّا لفترة طويلة، فربَّما يمكنني خدمة الآخرين من خلال تعليم الكتاب المُقدَّس؛ ولكن ماذا عليَّ أن أُقدِّم؟

## تَوقَّف

كيف برأيك يجب أن ننصح جيمس بناءً على ما قد تعلَّمناه حتَّى الآن؟

المشكلة هي أنَّنا نميل إلى النظر إلى أنفسنا أوَّلًا. لكن تذكَّر أنَّ الله هو بطل هذه القصَّة وليس نحن.

إذا قُمنا بعملٍ جيِّد، فهذا فقط بسبب لطف الله معنا.

عندما نفشل، فإنَّنا لا نزال بأمان في عائلة الله بسبب ما فعله يسوع. نحن لم نفعل شيئًا لنقتني خلاصنا. لا ينبهر الله بمواهبنا وإنجازاتنا ومؤهِّلاتنا. وكما أنَّه لا يؤجِّل عمله بسبب إخفاقاتنا وفوضى أعمالنا ونقائصنا. فلماذا نعتقد أنَّنا نستطيع أن نطيع الله بقوَّتنا، أو نرضيه بمهاراتنا الذاتيَّة؟

عندما ننظر إلى أنفسنا بدلًا من الله، لا يمكننا أن نرى كيف سيستخدمنا الله. وحتَّى نكون أمناء، فإنَّنا مُحقُّون في التساؤل عن ذلك، أليس كذلك؟ نحن نعرف مخاوفنا ونقاط ضعفنا. إذا فحصنا الأمر جيِّدًا، سنجد جميعًا أنَّنا نصنع أبطالًا لا قيمة لهم بتاتًا.

الخبرُ السارُّ هو أنَّ الله يستطيع وهو من يستخدم الضعفاء ليفعلوا ما يريدهم أن يفعلوه.

في الواقع، هو مُتخصِّص في ذلك!

هم، ونحن، لا نفعل شيئًا للمساهمة في عمل الله. تذكَّروا جيش جدعون المتفرِّق المكوَّن من ٣٠٠ جندي؛ كلُّ ما فعلوه هو نفخ الأبواق والصراخ، فهرب العدو مبتعدًا!

ليست قوَّة الناس أو قدرتهم على الخدمة هي التي تجعل ذلك يحدث؛ إنَّه الله وحده.

الله هو البطل.

الله هو دائمًا البطل.

لا تفهموني بشكل خاطئ، ليس الأمر أنَّنا غير مهمّين. يستخدم الله أفرادًا بعينهم، بقوانا الفرديَّة وتفضيلاتنا ومراوغاتنا. **لكن ينال الله كلَّ المجد**.

## مدمنو المجد

أحد عوائق الخدمة هو أنَّنا نريد المجد لأنفسنا. نريد أن توجَّه الأنظار إلينا ويُعترف بفضلنا. نريد أن يُعجب الآخرون بنا. نريد من الناس أن يروا مدى تغيُّرنا، ومدى حبِّنا لله، ومدى كرمنا وبذلنا. ولا نريد أن نخيب! لذلك، نحن نميل إلى القيام بأمرين: إمَّا أن نخدم لكي نظهر بشكل جيِّد، أو لا نتقدَّم ونقدِّم الخدمة في حالة فشلنا.

من الأفضل ألَّا تفعل شيئًا وأن تظلَّ رائعًا، من أن تفعل شيئًا فتبدو غبيًّا تمامًا!

أو ربَّما نكون منشغلين جدًّا في محاولة العثور على المجد في مكان آخر. نبحث عن الرضا والسعادة من خلال السعي وراءَ أشياء أخرى: العلاقات، المكانة، الأدوات، الملابس، التلفاز، التمرين، اللياقة البدنيَّة، الحصول على مصداقيَّة في الشارع، التقدير في العمل، الذكاء، الجمال، المخدِّرات، الجنس، المواد الإباحيَّة، الكحوليَّات... القائمة لا حصر لها. نعتقد أنَّنا نعرف كيف تبدو الحياة الجيِّدة، ونحاول تأمينها لأنفسنا. نريد أن نكون شخصًا ما: شخصًا ما مُهمًّا. شخصًا رائعًا. شخصًا يتلقَّى احترامًا.

## ملكوتُ يسوعَ من المُزدرى

لكنَّ يسوع جعل الأمرَ واضحًا ... مملكته هي من المُزدرى، من لا قدر له.

في زمن حياة يسوع على الأرض، كانت هناك مجموعاتٌ من الناس يُفهم عالميًّا أنَّهم لا قدر لهم، أنَّهم لا أحد:

الأطفال،

النساء،

جباة الضرائب،

الزُناة،

الوثنيُّون.

الأمر المذهل هو أنَّ يسوع يعمل من خلال كلِّ مجموعة من هذه المجموعات ويظهر أنَّ لها مكانًا في ملكوته.

«**وَقَدَّمُوا إِلَيْهِ أَوْلَادًا لِكَيْ يَلْمِسَهُمْ. وَأَمَّا ٱلتَّلَامِيذُ فَٱنْتَهَرُوا ٱلَّذِينَ قَدَّمُوهُمْ. فَلَمَّا رَأَى يَسُوعُ ذَلِكَ ٱغْتَاظَ وَقَالَ لَهُمْ: «دَعُوا ٱلْأَوْلَادَ يَأْتُونَ إِلَيَّ وَلَا تَمْنَعُوهُمْ، لِأَنَّ لِمِثْلِ هَؤُلَاءِ مَلَكُوتَ ٱللهِ. اَلْحَقَّ أَقُولُ لَكُمْ: مَنْ لَا يَقْبَلُ مَلَكُوتَ ٱللهِ مِثْلَ وَلَدٍ فَلَنْ يَدْخُلَهُ**»». (مرقس ١٠: ١٣-١٥)

لا يتعلَّق ملكوته بخفَّة الظلِّ والمظهر العصريِّ المُنمَّق، بالأكبر أو الأسوأ، الأذكى أو الأفضل. إنَّه ملكوتُ الذين لا قدر لهم.

وحتَّى لو كنتَ شخصًا مهمًّا، فإنَّ ذلك سيبقيك خارجَ الملكوت بدلًا من دخولك إليه. ولكن عندما يُسمح بدخول المُهمَّشين، الذين لا قدر لهم، فإنَّه يُرحَّب بهم بقلبٍ مفتوح وأذرع مفتوحة!

## افتخرْ بالرب

يوضِّح بولس في رسالته الأولى إلى كنيسة كورنثوس أنَّ كلَّ القوَّة والقدرة تأتي من يسوع المسيح وحده، من خلال الإنجيل. كان المؤمنون في كورنثوس يتجادلون حول أيِّ قائد كنيسة هو الأفضل. تبدو رسالة بولس مثل إبريق من الماء المثلَّج يُلقى على وجهك. يقول: «ما بالكم أيُّها الناس، إنَّ الأمر لا يتعلَّق بنا! هل صُلب بولس من أجلك؟ بالطبع لا! كلُّ شيء هو عن يسوع!»

وبَّخَ بولسُ المؤمنين لأنَّهم كانوا يمنحون بولس وصَفَا وأبلُّوس (قادة الكنيسة الآخرين) الكثير من الفضل. المسيح هو حكمة الله وقوَّته وليس هم. يكتب بولس أنَّ المسيح أرسله «**[ليُبشِّر]، لَا بِحِكْمَةِ كَلَامٍ لِئَلَّا يَتَعَطَّلَ صَلِيبُ ٱلْمَسِيحِ**» (١ كورنثوس ١: ١٧).

يمضي بولس في تذكير مؤمني كورنثوس بجذورهم:

«**فَٱنْظُرُوا دَعْوَتَكُمْ أَيُّهَا ٱلإِخْوَةُ، أَنْ لَيْسَ كَثِيرُونَ حُكَمَاءَ حَسَبَ ٱلْجَسَدِ، لَيْسَ كَثِيرُونَ أَقْوِيَاءَ، لَيْسَ كَثِيرُونَ شُرَفَاءَ، بَلِ ٱخْتَارَ ٱللهُ جُهَّالَ ٱلْعَالَمِ لِيُخْزِيَ ٱلْحُكَمَاءَ. وَٱخْتَارَ ٱللهُ ضُعَفَاءَ ٱلْعَالَمِ لِيُخْزِيَ ٱلأَقْوِيَاءَ. وَٱخْتَارَ ٱللهُ أَدْنِيَاءَ ٱلْعَالَمِ وَٱلْمُزْدَرَى وَغَيْرَ ٱلْمَوْجُودِ لِيُبْطِلَ ٱلْمَوْجُودَ، لِكَيْ لَا يَفْتَخِرَ كُلُّ ذِي جَسَدٍ أَمَامَهُ. وَمِنْهُ أَنْتُمْ بِٱلْمَسِيحِ يَسُوعَ، ٱلَّذِي صَارَ لَنَا حِكْمَةً مِنَ ٱللهِ وَبِرًّا**

**وَقَدَاسَةً وَفِدَاءً. حَتَّى كَمَا هُوَ مَكْتُوبٌ: «مَنِ ٱفْتَخَرَ فَلْيَفْتَخِرْ بِٱلرَّبِّ»».** (١ كورنثوس ١: ٢٦-٣١)

يبني يسوع ملكوته الراديكاليَّ المقلوب رأسًا على عقب، من خطاة عديمي الفائدة، متخبِّطين، ضُعفاء، غير قادرين، عديمي القيمة، تحوَّلوا إلى الإيمان بالنعمة وحدها. وهو يفعل ذلك ليُظهر مدى عظمة الله وكيف تعمل قوَّته فينا! نحن الذين لا نفتخر إلَّا بالربِّ.

الشيء الوحيد الذي يمكن أن يقود خدمتنا، ويجعلنا نستمر في العمل عندما تصبح الأمور صعبة، هو مجد الله.

لا يتعلَّق الأمر بنا!

هذا ما يحرِّرنا، فيجعلنا قادرين أن نخدم. لا يتعلَّق الأمر بقدرتنا؛ لا يتعلَّق الأمر بخلفيَّتنا: سواء كنَّا صالحين من الناحية الأخلاقيَّة طوال حياتنا أو كنَّا في قاع الحفرة ونعود مرَّة أخرى. **يتعلَّق الأمر فقط بالله وما يمكنه أن يفعله مع الخطاة ومن خلالهم لمجده.**

عندما نسأل: «هل يمكن أن يستخدم الله شخصًا مثلي؟» تكون الإجابة بصوت عالٍ: «نعم!»

يمكنه، وسوف يفعل؛ لمجد اسمه القدير، الجميل، الرحيم.

## آيات للحفظ

**«لِأَنَّ ٱبْنَ ٱلْإِنْسَانِ أَيْضًا لَمْ يَأْتِ لِيُخْدَمَ بَلْ لِيَخْدِمَ وَلِيَبْذِلَ نَفْسَهُ فِدْيَةً عَنْ كَثِيرِينَ»**. (مرقس ١٠: ٤٥)

## مُلخَّص

الله هو البطل! وهو سوف يستخدمنا لمجد اسمه العظيم، فنبتهج ونفتخر بيسوع وحده.

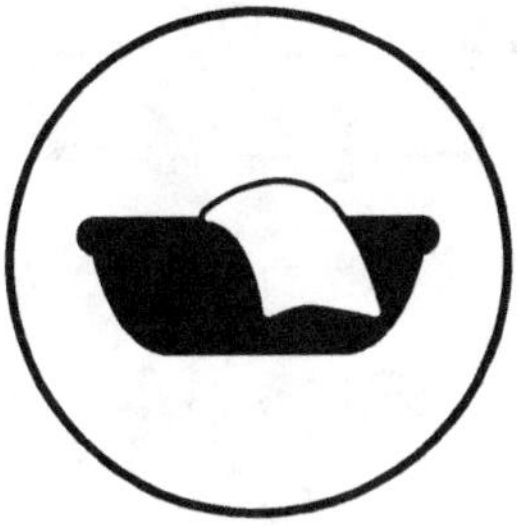

## ما المقصود؟

لأن يسوع
قد خدمنا،
يمكننا بدورنا
أن نخدمه
ونخدم الآخرين.

# ٢- لماذا ينبغي علينا أن نخدم؟

## مُلخَّص لما تعلَّمناه

لقد رأينا أنَّ الله يُسَرُّ باستخدام إخفاقاتنا وضعفنا وخطايانا لتتميم عمله، من خلال قوَّته ومن أجل مجده.

أمَّا نحن فنريد هذا المجد لأنفسنا بشكل خاطئ، لكنَّنا ننظر إلى يسوع ونرى أنَّ ملكوته هو ملكوت المُزدرى!

الله وحده هو الذي يحصل على المجد لما يعمله فينا ومن خلالنا.

أما نحن فنشكر الله على عمله الرائع لخلاصنا! فالله وحده هو فخرنا.

## جيمس

يعتبر جيمس نفسه شخصًا سعيدًا، رغم تعاطيه مضادات الاكتئاب. إنَّه يعتبر نفسه شخصًا ينكر ذاته. فكما يقول: «سأفعل أيَّ شيءٍ لأيِّ شخصٍ». على الرغم من أنَّه يقول في اللحظة التالية إنَّ هدفه الرئيسي في الحياة هو «الاهتمام بنفسه قبل أي شيء».

## أن نَخدم أو أن نُخدم

«لا يُمكن أن يكون الفرح حقيقيًّا إلَّا إذا اعتبر الناسُ حياتهم خدمة وأنَّ لديهم شيئًا محدَّدًا في الحياة خارج أنفسهم وسعادتهم الشخصيَّة» – ليو تولستوي (Leo Tolstoy)

«نحتاج إلى الشجاعة لنقول لا للأشياء والأشخاص الذين لا يخدموننا إذا أردنا أن نعيد اكتشاف أنفسنا وأن نحيا حياتنا بأصالة» – باربرا دي أنجيليس (Barbara De Angelis)

لدينا هنا فكرتان مختلفتان حول العثور على السعادة: بذل الذات أو الرعاية الذاتيَّة. فأيُّهما نختار؟

هل تولستوي على حقٍّ؟

هل حياتنا مُصمَّمة لخدمة الآخرين؟ هل يمكننا الاستمتاع بفرح حقيقيٍّ فقط عندما ننظر خارج أنفسنا؟

أم أن باربرا دي أنجيليس على حقٍّ؟

هل الحياة عبارة عن اكتشاف ما يخدمنا والتخلُّص من الباقي؟

بمعزل عن رحمة الله، فإنَّنا جميعًا نفترض الرأي الثاني. إذا كنَّا لا نخدم الله، فنحن نخدم أنفسنا ونتوقَّع أن يخدمنا الآخرون أيضًا.

## عليك أن تخدم أحدًا

لخَّص بوب ديلان (Bob Dylan) – مؤلِّف الأغاني والمغنِّي الشعبي اللامع – هذه الحقيقة عن الإنسانيَّة في أغنية واحدة. يقول القرار: «قد يكون الشيطان، أو قد يكون الربّ ولكن عليك أن تخدم شخصًا ما»[1]. إذا لم تسمع الأغنية، توقَّف الآن واستمع إليها. بصرف النظر عن كونها لاهوتيَّة بعمق، فهي أغنيَّة روك أند رول كلاسيكيَّة.

يسأل هذا الفصل: «لماذا ينبغي لنا أن نخدم؟» ولكنَّه يبدو سؤالًا صعبًا بعضَ الشيء. ليس لدينا خيارٌ حقًّا. أكثر الفوضويِّين استقلاليَّة وتحرُّرًا وتجاهلًا للقانون والأكثر إلحاقًا للضرر بالآخرين، نجده ملتزمًا بقانون الإنسانيَّة هذا: نحن جميعًا نخدم شخصًا ما.

السؤال الوحيد حقًّا هو **مَن** سيكون؟

إمَّا أن نخدم الله والآخرين، أو نخدم أنفسنا. **بدون عمل يسوع الخلاصيِّ لنا وفينا، سننتكس دائمًا إلى عبادة الذات.** نحن لا نستطيع ببساطة خدمة الآخرين ما لم يتجدَّدْ خلقُ قلوبنا بشكل جذريٍّ للعبادة وخدمة خالقنا بكلِّ تقوى.

### جيمس

لكن لا يمكن أن يكون هذا صحيحًا! فماذا عن كلِّ أولئك الذين ليسوا مسيحيِّين ولكنَّهم يفعلون الخير ويخدمون الآخرين؟ أحيانًا يكون غير المسيحيِّين أكثر محبَّة ولطفًا من المسيحيِّين!

---

1 Bob Dylan, 'Gotta Serve Somebody,' *Slow Train Coming*, Columbia Records, 1979.

### تَوَقَّف

ما رأيك بما يقوله جيمس هنا؟

هنـاك نقطتـان يجـب مراعاتهمـا: أوَّلًا، **يهتـمُّ الله بقلوبنـا**. مـن الممكـن أن يبـدو أنَّنـا نقـوم بأشـياء للآخريـن عندمـا نكـون فـي الحقيقـة نهتـمُّ بخدمـة أنفسـنا. ثانيًـا: **إنَّ الله بعطفـه يسـمح لـكلِّ خليقـة أن تعكـس لطفـه.** حتَّـى أنَّ الله يسـمح للأشـخاص الذيـن لا يهتمُّـون بـه كثيـرًا أن يكشـفوا شيئًا عـن صلاحـه، سـواء اعترفـوا بـه أم لا. وهـذا مـا يُسـمَّى بالنعمـة العامَّـة.

## صانعو الخير وخادمو الذات

يوضِّـح الله أنَّ سلوكنا، علـى الرغـم مـن أهميَّتـه، هـو أقلُّ أهميَّـة بكثيـر ممَّـا يحـدث فـي الداخـل:

**«لِأَنَّـهُ لَيْـسَ كَمَـا يَنْظُـرُ ٱلْإِنْسَـانُ. لِأَنَّ ٱلْإِنْسَـانَ يَنْظُـرُ إِلَـى ٱلْعَيْنَيْـنِ، وَأَمَّـا ٱلـرَّبُّ فَإِنَّـهُ يَنْظُـرُ إِلَـى ٱلْقَلْـبِ»**. (١ صموئيل ١٦: ٧)

هـذا خبـر سـيِّئ لنـا، لأنَّنـا نحـن كبشـر ممتـازون فـي جعـل أنفسـنا نبـدو فـي صـورة جيِّـدة أمـام الآخريـن. نقـوم بذلـك بطـرق خاطئـة بشـكل واضـح، مثـل قـول كذبـة لحفـظ مـاء الوجـه أو النميمـة عـن شـخص مـا ليبـدو وكأنَّنـا أفضـل منـه. لكنَّنـا نحـبُّ أيضًـا أن نأخـذ الأشـياء الجيِّـدة ونسـتخدمها لمصلحتنـا: كمسـاعدة أحـد الجيـران الـذي يكـون فـي وضـع أسـوأ منَّـا؛ التطـوُّع فـي مـأوى المشـرَّدين المحلِّـيِّ لإظهـار مـدى اهتمامنـا بالآخريـن؛ تغطيـة نوبـة إضافيَّـة فـي العمـل للحصـول علـى بعـض المصداقيَّـة مـع الرئيـس. الحقيقـة هـي أنَّ أيَّ شـيء كريـم أو مـراعٍ

للمشاعر أو جيِّد نقوم به يمكن أن (وعادةً ما) ينطوي على دافعٍ ليس جديرًا بالإعجاب. تحدَّثنا عن هذا في الفصل السابق؛ إنَّها نفس الرغبة في انتزاع المجد لأنفسنا.

وجَّه يسوع بعضًا من أقوى كلماته التي تسير على نمط: «أخبر الناس بحقيقة الأمر وبصراحة»، نحو الفرِّيسيِّين. والذين كانوا يفعلون الخير ليبدوا في نظر الناس صالحين وأتقياء، لكنَّهم رفضوا إكرام الله في قلوبهم:

**«وَيْلٌ لَكُمْ أَيُّهَا ٱلْكَتَبَةُ وَٱلْفَرِّيسِيُّونَ ٱلْمُرَاؤُونَ! لِأَنَّكُمْ تُشْبِهُونَ قُبُورًا مُبَيَّضَةً تَظْهَرُ مِنْ خَارِجٍ جَمِيلَةً، وَهِيَ مِنْ دَاخِلٍ مَمْلُوءَةٌ عِظَامَ أَمْوَاتٍ وَكُلَّ نَجَاسَةٍ. هَكَذَا أَنْتُمْ أَيْضًا: مِنْ خَارِجٍ تَظْهَرُونَ لِلنَّاسِ أَبْرَارًا، وَلَكِنَّكُمْ مِنْ دَاخِلٍ مَشْحُونُونَ رِيَاءً وَإِثْمًا».**
(متى ٢٣: ٢٧–٢٨)

نحن أيضًا يمكن أن نظهر صالحين للآخرين بينما نحن ممتلئون بـ «كُلِّ نَجَاسَةٍ» بداخلنا. يمكننا أن نظهر أنَّنا نخدم الآخرين عندما نخدم حقًّا فكرتنا الخاصَّة عن كيف نكون أشخاصًا صالحين. في هذا نجعل أنفسنا نبدو راضين أو نشعر بالرضا، ونحن في الحقيقة نخدم – نعبد – أنفسنا.

أو – وقد يكونُ هذا أكثرَ شيوعًا في ثقافتنا اليوم – نعتبر أنَّه ينبغي **علينا** السعي بنشاط لتحقيق رغباتنا الخاصَّة. يجب أن **يخدمنا** الناسُ والأشياءُ والظروف، أو نرفضهم. في الواقع، نحن مدينون لأنفسنا بالتخلُّص منهم فهم مثل نوع من الأمتعة الزائدة. مرَّة أخرى، نحن نخدم أنفسنا أو نعبد أنفسنا.

تقبع الأنانيَّة وراءَ كلِّ عمل، صالحًا كان أم سيئًا، من قلب غير مُعطى ليسوع. لكن خدمتنا لأنفسنا (هذا بالتأكيد هو تعريف الأنانيَّة) لهي العبوديَّة بعينها. الخطيَّة هي صاحب عمل قاسٍ، دائمًا ما يعد دون أن ينفِّذ وعوده أبدًا.

تجتاح هذه الحالة البشريَّةَ جمعاء، ولا يمكن إصلاحها إلَّا من خلال إعادة تشكيل جذريٍّ لقلوبنا الفاسدة المتمحورة حول الذات.

## قد أُكْمِل

الخبرُ السارُّ هو أنَّ هذا هو بالضبط ما أكمله يسوع على الصليب. وعدَ الله أن يعطي شعبه قلوبًا جديدة رقيقة وحيَّة لخدمة الإله الواحد الحقيقيِّ – وهذا بالضبط ما فعله. نحن الآن قادرون على خدمة الشخص الذي خلقنا لخدمته. نحن قادرون على عبادة من يستحقُّ عبادتنا. نحن قادرون على التمتُّع بعلاقة حقيقيَّة مع خالقنا، عالمين أنَّ خطايانا مغطَّاة وأنَّ مستقبلنا آمن. ونحن قادرون على معرفة الحياة والفرح في التخلِّي عن حياتنا وبذلها.

### جيمس

لماذا؟ وكيف نجد الحياة والفرح بالتخلِّي عن حياتنا؟ هذا محض غباء صريح!

### تَوَقَّف

في رأيك، من أين جاء الكتاب المُقدَّس؟

## الملك الخادم

**«حِينَئِذٍ تَقَدَّمَتْ إِلَيْهِ (إلى يسوع) أُمُّ ٱبْنَيْ زَبْدِي مَعَ ٱبْنَيْهَا، وَسَجَدَتْ وَطَلَبَتْ مِنْهُ شَيْئًا. فَقَالَ لَهَا: «مَاذَا تُرِيدِينَ؟». قَالَتْ لَهُ: «قُلْ أَنْ يَجْلِسَ ٱبْنَايَ هَذَانِ وَاحِدٌ عَنْ يَمِينِكَ وَٱلْآخَرُ عَنِ ٱلْيَسَارِ فِي مَلَكُوتِكَ». فَأَجَابَ يَسُوعُ وَقَالَ: «لَسْتُمَا تَعْلَمَانِ مَا تَطْلُبَانِ. أَتَسْتَطِيعَانِ أَنْ تَشْرَبَا ٱلْكَأْسَ ٱلَّتِي سَوْفَ أَشْرَبُهَا أَنَا، وَأَنْ تَصْطَبِغَا بِٱلصِّبْغَةِ ٱلَّتِي أَصْطَبِغُ بِهَا أَنَا؟». قَالَا لَهُ: «نَسْتَطِيعُ». فَقَالَ لَهُمَا: «أَمَّا كَأْسِي فَتَشْرَبَانِهَا، وَبِالصِّبْغَةِ ٱلَّتِي أَصْطَبِغُ بِهَا أَنَا تَصْطَبِغَانِ. وَأَمَّا ٱلْجُلُوسُ عَنْ يَمِينِي وَعَنْ يَسَارِي فَلَيْسَ لِي أَنْ أُعْطِيَهُ إِلَّا لِلَّذِينَ أُعِدَّ لَهُمْ مِنْ أَبِي». فَلَمَّا سَمِعَ ٱلْعَشَرَةُ ٱغْتَاظُوا مِنْ أَجْلِ ٱلْأَخَوَيْنِ. فَدَعَاهُمْ يَسُوعُ وَقَالَ: «أَنْتُمْ تَعْلَمُونَ أَنَّ رُؤَسَاءَ ٱلْأُمَمِ يَسُودُونَهُمْ، وَٱلْعُظَمَاءَ يَتَسَلَّطُونَ عَلَيْهِمْ. فَلَا يَكُونُ هَكَذَا فِيكُمْ. بَلْ مَنْ أَرَادَ أَنْ يَكُونَ فِيكُمْ عَظِيمًا فَلْيَكُنْ لَكُمْ خَادِمًا، وَمَنْ أَرَادَ أَنْ يَكُونَ فِيكُمْ أَوَّلًا فَلْيَكُنْ لَكُمْ عَبْدًا، كَمَا أَنَّ ٱبْنَ ٱلْإِنْسَانِ لَمْ يَأْتِ لِيُخْدَمَ بَلْ لِيَخْدِمَ، وَلِيَبْذِلَ نَفْسَهُ فِدْيَةً عَنْ كَثِيرِينَ»».** (متى ٢٠: ٢٠–٢٨)

نحن هنا أمام قصَّة أمٍّ طموحة، ربَّما كانت أيضًا خالة يسوع. كانت تريد الأفضل لابنيها. ولكونها أختَ مريم والدة يسوع، اعتقدتْ على الأرجح أنَّ علاقتها العائليَّة ستضمن نوعًا من المكانة المرموقة. لذلك صعدتْ إلى المَلك وطلبت منه تأمين مكانة عالية في مملكته لولديها. لكن ماذا قال يسوع؟

لكونـه حكيمًـا ولطيفًـا، لـم يُخبـرْ خالتـه عـن طلبهـا الفـظّ. قـال لهـا ولابنيهـا اللذيـن شـاركاها طموحهـا فـي أن يتطلّعـوا نحـو الأفضـل: «**لَسْـتُمَا تَعْلَمَـانِ مَـا تَطْلُبَـانِ**» (متـى ٢٦: ٣٩).

عندمـا تحـدَّث عـن شـرب الـكأس، لـم يكـن يسـوع يتحـدَّث عـن كأس مـن النبيـذ. عندمـا كان جنـرال عسـكريٌّ يحقِّـق نصـرًا عظيمًـا، كان يحتسـي كأسًـا مـن النبيذ احتفـالًا ويشـرب نخبًـا لانتصـاره. لكنَّ يسـوع لـم يكـن يتحـدَّث عـن انتصـار مجيـد علـى أعـداء إسـرائيل، ولا عـن أُمَّـة يهوديَّـة تحـرَّرت مـن الجيـش الرومانـيّ القمعـيّ.

**لم يكن يسوع هذا النوع من الملوك.**

كلَّا، إنَّ **هـذه** الـكأس **هـي** كأسُ دينونـة الله، التـي تجرَّعهـا يسـوع بالكامـل ليدفـع ثمـن خطايـا شـعبه[٢]. يتحـدَّث يسـوع عـن العـذاب الـذي سـيتحمَّله عنـد الجلجثـة، عندمـا تحـلُّ القـوَّة الكاملـة لغضـب الآب البـارّ علـى الخطيَّـة التـي تتحطَّـم علـى رأس قدُّوسـه البـارّ (يسـوع). تصـف كلمـاتُ إحـدى الترانيـم المغنَّـاة الصلـبَ بهـذه الطريقـة: «فـي ثـلاث سـاعات عانـى المسـيح أكثـر مـن أي خاطـئٍ فـي الجحيـم».[٣]

لكنَّ التلاميذ لم يفهموا ما يقوله يسوع حقًّا بعد.

لا يحـاول يسـوع فقـط أن يعطيهـم تنبيهًـا عـن موتـه الآتـي. إنَّـه أيضًـا ملـك يأتـي بمملكـة، لكنَّـه نـوع جديـد مـن الملـك يحكـم نوعًـا جديـدًا من المملكة:

٢ متى ٢٦: ٣٩.

3 Shai Linne, 'The Cross (3 Hours)', The Atonement, Lamp Mode Recordings, 2008.

**مملكةٌ من الخدَّام يحكمها ملكٌ خادم.**

لا بُدَّ أن يكون التلاميذ قد مرُّوا بلحظة ساورتهم فيها الشكوك: «ما هذا الذي يتحدَّث عنه؟» عندما أخبرهم يسوع أنَّه في ملكوته، يجب أن يكون أولئك الذين سيكونون عظماءَ خدَّامًا، وأولئك الذين سيكونون أوَّلًا يجب أن يكونوا عبيدًا. كانوا يتوقَّعون أن يهزم يسوع أعداءهم وأن يحكم على عرش أرضيٍّ في ذلك الوقت، وهناك أيضًا.

كانوا يتوقَّعون المجد الآن.

بالطبع، لم يروا بعد الموتَ المُعذِّبَ للمسيَّا. جاء يسوع «[لَا] **لِيُخْدَمَ بَلْ لِيَخْدِمَ، وَلِيَبْذِلَ نَفْسَهُ فِدْيَةً عَنْ كَثِيرِينَ**». يسوع نفسه هو الخادم الأسمى. نحن نخدم لأنَّه هو خدمنا أوَّلًا. لم يأخذ يسوع بعين الاعتبار

وضعه الخاصَّ،

وتفضيلاته الخاصَّة،

وظلم العقوبة عن خطايا الآخرين،

ومعاناة امتصاص غضب الآب عندما كان مستحقًّا فقط لذَّة الآب ومسرَّته.

لقد بذل يسوع حياته بملء إرادته.

إنَّ خبرنا السار يتوقَّف على ملك خادم يخدم خدمة من القلب، يتألَّم ويبذل ذاته.

## الملكُ القائم

لكنَّ القصَّة لا تنتهي بالقبر. لقد صارت لنا حياة، لأنَّ يسوع مات كمجرمٍ من أجلنا، ثُمَّ قام جسديًّا من القبر.

هذا – الإنجيل – هو دافعنا النهائي. المسيح حيٌّ! ولأنَّه حيٌّ، سنحيا نحن أيضًا مرَّة أخرى. لقد أكمل خادمنا الملك عمله وقام من القبر وهو الآن يملك في المجد. يتكشَّف كلُّ التاريخ حسب خطَّته. لقد خلَّصنا، وفدانا، وخطفنا من فكَّي الموت ومن قبضة الشيطان، لنعيش في طهارة وفرح بوصفنا شعب الله إلى الأبد.

**يحيا مُخلِّصنا! ولأنَّه حيٌّ، فإنَّنا نحيا لنخدمه.**

هل تتذكَّر ابني زبدي هذين، اللذين كانا تطلَّعان إلى مقاعد عليا في ملكوت يسوع؟ قال لهم يسوع: «أَمَّا كَأْسِي فَتَشْرَبَانِهَا» – وقد فعلا ذلك بالفعل. لقد تبعا يسوع في الألم. كان الأخوان هما يعقوب ويوحنَّا. أصبح يعقوب أوَّلَ الرسل الذين استشهدوا «بِٱلسَّيْفِ»[٤] بشكلٍ عنيف. وعانى يوحنَّا من الاضطهاد الشديد والنفي إلى جزيرة بطمس.[٥]

حقًّا، لقد خدم يعقوب ويوحنَّا مَلِكهما وخدما كنيسته. وهما الآن حيَّان مع يسوع في المجد. هذا هو رجاؤنا في المسيح!

**ينبغي** علينا نحن أن نخدم، نعم وبكلِّ تأكيد. لقد أُمرنا مرَّات

٤ أعمال الرسل ١٢: ٢.

٥ رؤيا ١: ٩.

لا تُحصى في الكتاب المُقدَّس أن نخدم الآخرين، وأن نهتمَّ بالآخرين أوَّلًا، وأن نحبَّ، وأن نعطيَ، ونعمل من أجل الآخرين. ليست خدمة إلهنا وخدمة الآخرين اختياريَّة. إنَّها حقًّا وصيَّة.

لكنَّ الفرح في ذلك هو أنَّنا عندما نفكِّر طويلًا وعميقًا في ملكنا الخادم المُقام، يعمل الروح القدس في قلوبنا **فنريد** أن نخدم. وعندما تصبح الأمور صعبة، **نريد** أن نخدم! هذا هو عمل الله الصالح فينا.

## آيات للحفظ

«**خَادِمِينَ بِنِيَّةٍ صَالِحَةٍ كَمَا لِلرَّبِّ، لَيْسَ لِلنَّاسِ**». (أفسس ٦: ٧)

## مُلخَّص

«لماذا ينبغي علينا أن نخدم؟» ليس هو السؤال الصحيح تمامًا، لأنَّنا كلنا نخدم شخصًا ما. بمعزل عن نعمة الله، فإنَّ هذا الشخص سيكون نحن أنفسنا. ومع ذلك، فإنَّنا بفضل نعمة الله، نتحوَّل إلى مخلوقات جديدة تحرَّرتْ من عبوديَّة الخدمة الذاتيَّة. نحن قادرون على خدمة الله والآخرين. نجد الآن الحياة والفرح في التخلِّي عن حياتنا ببذلها من أجل الآخر.

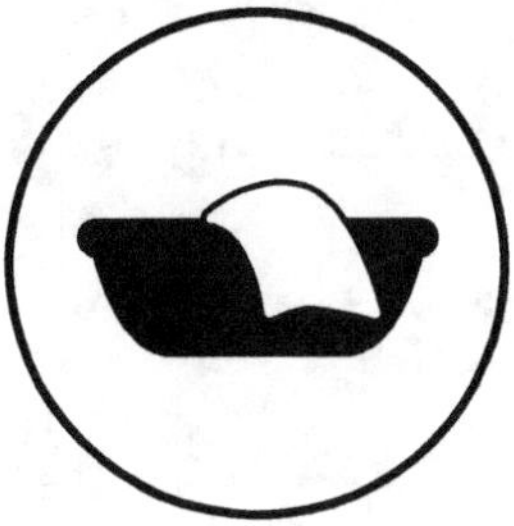

## ما المقصود؟

إنّ كلّ ما لدينا
هو من عند اللّه
وملك للّه.

# ٣ - الوكالة (أهيَّ حياتي؟)

## مُلخَّص لما تعلَّمناه

لقد رأينا أنَّ الله هو البطل. إنَّه يسعد باستخدام الضعف لإظهار قوَّته، ومُلكوته مقلوب رأسًا على عقب حيث يُصبح من ليس لهم شأن (كلُّنا) أشخاصًا مُهمِّين فيه، ويمكنهم أن يخدموا بفرح. لقد رأينا أيضًا أننا بحاجة لأن نخدم لأنَّ ملكنا يسوع خدمنا بشكل مجيد. نحن نحبُّ لأنَّه هو أحبَّنا أوَّلًا؛ نحن نخدم لأنَّه خدمنا أوَّلًا.

هذا الفصل يتحدَّث عن الوكالة، فلنُعرِّف المصطلح. يُعرِّف قاموس أكسفورد ليفينج (Oxford Living Dictionary) الإنجليزيُّ الوكالة بأنَّها: «مهمَّة الإشراف أو العناية بشيء ما، مثل منظَّمة أو ممتلكات».

وبفهمها كتابيًّا، فإنَّ الوكالة هي وصيَّة الله للإنسان أن يعتني بما يمنحه إيَّاه. نراه في بداية قصَّة الكتاب المُقدَّس. لقد خلق الله العالم الجميل كلَّه، بما في ذلك الرجل والمرأة، وهو يمنحهم مسؤوليَّة رعاية بقيَّة الخليقة:

**«وَبَارَكَهُمُ ٱللهُ وَقَالَ لَهُمْ: «أَثْمِرُوا وَٱكْثُرُوا وَٱمْلَأُوا ٱلْأَرْضَ، وَأَخْضِعُوهَا، وَتَسَلَّطُوا عَلَى سَمَكِ ٱلْبَحْرِ وَعَلَى طَيْرِ ٱلسَّمَاءِ وَعَلَى كُلِّ حَيَوَانٍ يَدِبُّ عَلَى ٱلْأَرْضِ»».** (تكوين ١: ٢٨)

## تَوَقَّف

هل تعتقد أنَّ آدم وحواء اعتقدا أنَّ هذا العالم الجديد الكامل مِلكٌ لهما؟ إذا كان الأمر كذلك، فلماذا؟ وإذا لم يكن كذلك، فلماذا؟

إنَّه في الحقيقة مزيجٌ من الاثنين. كان على آدم وحواء أن يكونا متبلِّدي الذهن نوعًا ما ليتخيَّلا أنَّ العالم مِلكٌ لهما بمعنى أنَّهما يمتلكانه بطريقة ما. فقد صُمِّم الخلق وصُنِع بواسطة شخص آخر غيرهما. وأُعطي العالمُ لهما بمثابة عطيَّة. لقد كانا جزءًا من الخليقة وليسا سببها! لذلك، من ناحية، بالطبع لم يكن هذا **عالمهما**.

ولكن من ناحية أخرى، مُنح آدم وحواء السلطان لرعاية هذا العالم؛ للعمل في الأرض، ورعاية الحيوانات، وأكل النباتات. لقد كانا المشرفين والقائمين على خليقة الله الصالحة. كانت سلطتهما حقيقيَّة، وكذلك كانت مسؤوليَّتهما. عندما حملتْ حواءُ طفلها الأوَّل، كان لديها إحساسٌ عميق بالمسؤوليَّة، وحتَّى بالمِلكيَّة، تجاه نسلها. وعندما تبع آدمُ حواء في عصيان الله وأرسل كلَّ الخليقة إلى الدينونة، فقد أظهر ثقل مسؤوليَّته بصفته مُمثِّلًا لنا.

**الوكالة مهمَّة؛ سلطتها ومسئوليَّتها حقيقيَّتان.**

في الواقع، الوكالة مدعوَّة للاهتمام بما يخصُّ الله. الخطر الذي نواجهه هو الاعتقاد بأنَّ لدينا **نحن** الملكيَّة؛ أنَّ كلَّ شيء يخصُّنا حقًّا ولذا يمكننا أن نفعل به ما يحلو لنا.

## أهيَّ حياتي؟

أغنية بون جوفي (Bon Jovi) الناجحة لعام ٢٠٠٠، «إنَّها حياتي»، تلخِّص الفلسفة الأساسيَّة لعصرنا:

«إنَّها حياتي

إنَّه الآن أو أبدًا

فلن أعيش إلى الأبد

أريد فقط أن أعيش بينما أنا على قيد الحياة

(إنَّها حياتي)

قلبي مثل طريق سريع مفتوح

كما قال فرانكي

لقد قمتُ به بطريقتي

أريد فقط أن أعيش بينما أنا على قيد الحياة، إنَّها حياتي».[1]

لم تكن الأغنية ناجحة لمجرَّد أنَّها كانت نشيدًا جذَّابًا في حلبة الرقص. تروق الكلمات الجريئة لثقافة تُقدِّر الحريَّة الشخصيَّة.

نحن جزءٌ من هذه الثقافة. عندما نفكِّر في خدمة الآخرين، نبدأ بوهم عن أنفسنا وأشيائنا: إنَّها حياتي وأشيائي. إحساسنا بالملكيَّة يأتي بشكل طبيعيٍّ، أليس كذلك؟ ألقِ نظرة خاطفة على مجموعة

1 Bon Jovi, 'It's My Life', *Crush*, Island Records, 2000.

من الأطفال الصغار يلعبون، ومن المؤكَّد أنَّك ستسمع عبارة «هذا **ملكي!**»، «لا، إنه **ملكي أنا!**» بالطبع، الشجار مثير للسخرية لأنَّ الأطفال الصغار لم يفعلوا شيئًا على الإطلاق للحصول على هذه الألعاب. إنَّهم يعتمدون كليًّا على البالغين في حياتهم لتلبية احتياجاتهم ورغباتهم.

قد نكون بالغين بما يكفي حيث لا نستطيع ضرب الصغير مارك على رأسه بالشاحنة التي خطفها، لكنَّنا نألفُ في قلوبنا نفس الاحتجاج:

«حُزمة الراتب هذه ملكي، لذا يمكنني أن أفعل بها ما أحبُّ».

«هذا المنزل ملكي، وأريده أن يكون مكانًا للهروب من ضغوط الحياة».

«وقتي هو ملكي، ولديَّ كلُّ الحقِّ في استخدامه كما أريد».

ننسى أنَّ الله هو أبونا الذي يعطينا كلَّ ما لدينا. نحن أحياء لحظة بلحظة فقط لأنَّه يدعمنا. نستمرُّ في التنفُّس لأنَّ الله يحافظ على قلوبنا تنبض.

فكِّرْ في آخر مرَّة قوطعتْ فيها خططك. أراهن أن ردَّك يكشف إلى أيِّ مدى تعتقد أنَّ وقتك هو ملكك. يمكنني القيام بهذا الرهان بأمان لأنَّني أفعل نفس الشيء!

على الرغم من كلِّ ما نعرفه عن أنَّ الله هو البطل وأنَّ يسوع ينقذنا إلى حياة لا يمكننا اقتناءها أبدًا، فنحن لا نزال نعاني تحت الوهم بأنَّ لنا الحقَّ في إدارة حياتنا بعيدًا عن سيطرة أبينا.

نستمرُّ في التصرُّف كما لو أنَّ الأشياء التي لدينا هي بفضلنا.

نتعامل مع وقتنا وخططنا على أنَّها خاصَّة بنا، لاستخدامها على النحو الذي نراه مناسبًا.

**في الأساس، نحن نريد أن نكون ملوك ممالكنا الخاصة.**

### تَوَقَّف

ما الذي تميل بشكلٍ خاصّ إلى التفكير فيه على أنّه ملكك تمامًا؟ الوقت؟ المال؟ الصحّة؟ صديق/ صديقة حميمة؟ الأطفال؟ المهنة؟ الأنشطة؟ اللياقة؟ الأملاك؟

## إنَّها حياة الله

بالطبع، الحقيقة التي أدركها المسيحيُّون هي أنَّنا نعيش **فقط في المسيح ومن خلاله**. لقد أخطأ بون جوفي في بعض الأشياء في تلك الأغنية، ولكن ربَّما كانت الكذبة الأخطر هي: «إنَّه الآن أو أبدًا، فلن أعيش إلى الأبد».

الحقيقة حول الإنسانيَّة هي أنَّنا سنعيش إلى الأبد؛ السؤال هو، أين؟ أين سنقضي الأبديَّة؟ عندما نثق بعمل يسوع على الصليب وقيامته يمكننا أن نتطلَّع إلى الأبديَّة في المجد!

ولكن كما قال مُغَنِّي الراب المسيحيُّ شاي لين (Shai Linne): «إذا كنتَ تعيش أفضل حياتك الآن فأنت متَّجه نحو الجحيم».[٢] فإن إحكام قبضتنا على عطايا الله هو قصر نظر خطير.

2 Shai Linne, 'Fal$e Teacher$', *Lyrical Theology, Part 1: Theology*, 2013 Lamp Mode Recordings.

لأنَّ هذه الحياة **ليست** حياتنا الخاصة،

لأنَّنا **سنعيش** إلى الأبد،

لأنَّها **ليست** الآن أو أبدًا

أنَّه يمكننا أن نعيش بوصفنا الوكلاء الذين خُلقنا لنكونهم.

أوَّلًا، نرى أنَّ كلَّ شيء وكلَّ علاقة لدينا هي عطيَّة من أبينا الصالح. لذا، فإنَّ مهمَّتنا هي الاعتناء بشعب أبينا وأغراض أبينا. إنَّها ليست لنا. إنَّها له.

ثانيًا، نحن نعلم أنَّ أمامنا مستقبلًا أفضل بكثير من أيِّ أسلوب حياة نحلم به نقدر أن نُحضِره هنا والآن. لسنا بحاجة إلى التشبُّث بكلِّ ما تشتهيه قلوبنا في هذه الحياة؛ فأفضل حياة لنا لم تأتِ بعد!

مرَّة أخرى، يسوع هو مثالنا. هل يمكنك أن تتخيَّل أنَّ يسوع يغنِّي «إنَّها حياتي»؟ ومع ذلك، فإنَّ يسوع هو الوحيد الذي يمكن أن يكون له أيُّ حقٍّ في أن يغنِّي هذه الترنيمة – **«فَإِنَّهُ فِيهِ خُلِقَ ٱلْكُلُّ: مَا فِي ٱلسَّمَاوَاتِ وَمَا عَلَى ٱلْأَرْضِ، مَا يُرَى وَمَا لَا يُرَى، سَوَاءٌ كَانَ عُرُوشًا أَمْ سِيَادَاتٍ أَمْ رِيَاسَاتٍ أَمْ سَلَاطِينَ. ٱلْكُلُّ بِهِ وَلَهُ قَدْ خُلِقَ»**[٣] – **ومع ذلك قال مخلِّصنا لأبيه: «لِتَكُنْ لَا إِرَادَتِي بَلْ إِرَادَتُكَ»**.[٤]

ونحن مدعوُّون لنفس النوع من التواضع:

---

٣ كولوسي ١: ١٦.

٤ لوقا ٢٢: ٤٢.

**«فَلْيَكُنْ فِيكُمْ هَذَا ٱلْفِكْرُ ٱلَّذِي فِي ٱلْمَسِيحِ يَسُوعَ أَيْضًا: ٱلَّذِي إِذْ كَانَ فِي صُورَةِ ٱللهِ، لَمْ يَحْسِبْ خُلْسَةً أَنْ يَكُونَ مُعَادِلًا لِلهِ. لَكِنَّهُ أَخْلَى نَفْسَهُ، آخِذًا صُورَةَ عَبْدٍ، صَائِرًا فِي شِبْهِ ٱلنَّاسِ. وَإِذْ وُجِدَ فِي ٱلْهَيْئَةِ كَإِنْسَانٍ، وَضَعَ نَفْسَهُ، وَأَطَاعَ حَتَّى ٱلْمَوْتَ، مَوْتَ ٱلصَّلِيبِ».** (فيلبي ٢: ٥–٨)

لقد تخلَّى يسوع نفسه عن ادّعائه العادل بالسلطة. وكأتباع له، فإنَّنا مدعوُّون لفعل الشيء نفسه. هذه النظرة المتغيِّرة للحياة تحرِّرنا لنخدم الملك الذي اشترانا. عندما نعرف من هو ملكنا ومن نحن فيه، فإنَّنا نعلم أنَّه ليس لدينا ما هو مِلْكنا. يسوع هو الملك؛ نحن مدينون له بكلِّ شيء!

## يا له من ملك، ويا له من ملكوت!

راجع مرقس ١٠: ٢٩–٣١:

**«فَأَجَابَ يَسُوعُ وَقَالَ: «ٱلْحَقَّ أَقُولُ لَكُمْ: لَيْسَ أَحَدٌ تَرَكَ بَيْتًا أَوْ إِخْوَةً أَوْ أَخَوَاتٍ أَوْ أَبًا أَوْ أُمًّا أَوِ ٱمْرَأَةً أَوْ أَوْلَادًا أَوْ حُقُولًا، لِأَجْلِي وَلِأَجْلِ ٱلْإِنْجِيلِ، إِلَّا وَيَأْخُذُ مِئَةَ ضِعْفٍ ٱلْآنَ فِي هَذَا ٱلزَّمَانِ، بُيُوتًا وَإِخْوَةً وَأَخَوَاتٍ وَأُمَّهَاتٍ وَأَوْلَادًا وَحُقُولًا، مَعَ ٱضْطِهَادَاتٍ، وَفِي ٱلدَّهْرِ ٱلْآتِي ٱلْحَيَاةَ ٱلْأَبَدِيَّةَ. وَلَكِنْ كَثِيرُونَ أَوَّلُونَ يَكُونُونَ آخِرِينَ، وَٱلْآخِرُونَ أَوَّلِينَ»».**

هل تستطيع أن تدرك ما يقوله يسوع؟

إنَّـه يقـول إنَّ التخلِّـي عـن ادِّعائـك بامتـلاك **كل** مـا لديـك (ممتلـكات، أسـرة، علاقـات، رغبـات، مكانـة، طموحـات، سـمعة، رأي عـام ... الحيـاة نفسـها!) جـزء لا يتجـزَّأ ممَّـا يعنيـه اتباعـه.

يقـول يسـوع أيضًـا إنَّـه علـى الرغـم مـن هـذه الخسـائر الدنيويَّـة المزعومـة، فإنَّـك تكسـب كلَّ مـا هـو مهمٌّ حقًّـا. لأنَّـه فـي ملكـوت يسـوع، ليـس هنـاك شـخصٌ وحيـد أو جائـع أو مُعـدم أو مهجـور أو متشـرِّد أو منعزل.

فـي العالـم الـذي يحكـم فيـه يسـوع، للعـزاب عائـلات، وللعائـلات منـازل مفتوحـة.

**لا أحد يُهمَل أو يُنسى.**

هـذه هـي الحيـاة فـي ظـلِّ حُكـم صالـح لملـك رؤوف! هـذا هـو مجتمـع المحبَّـة الـذي أتـى يسـوع ليخلقـه.

هـذا هـو المجتمـع الـذي ينشـأ مـن تربـة أتبـاع الملـك ذوي القلـب الرقيـق المتَّسـع، الذيـن يقدِّمـون عطايـاه لمجده.

## حياتنا المُفتداة

بالطبـع، هنـاك تكلفـة لاتِّبـاع يسـوع. إنَّـه يكلِّفنـا كلَّ مـا لدينـا. لكن دعونا لا ننسى أبدًا أنَّ كلَّ شيء هو مِلكه في المقام الأوَّل.

هنـاك ترنيمـة مسيحيَّة تقـول: «أيهـا الآب، اسـتخدم حياتـي المفديَّـة بأيَّـة طريقـة تختارهـا».[5] لـديَّ دائمًـا شـعور بالخطـر عنـد قـول تلـك الترنيمـة

5 Sovereign Grace Music, 'All I Have is Christ,' *Together for the Gospel Live II*, 2012.

لأنَّني أعرف الصراع في قلبي لتصديقها. إنَّها الصلاة الصحيحة، لكن هل أريد حقًّا أن أصلّيها؟ هل أريد حقًّا أن «يستجيب الله لها»؟

أعرف أشخاصًا، على سبيل المثال، قالوا «لا» للعلاقات الرومانسيَّة بسبب حبِّهم للمسيح والتزامهم بقضيَّته. لقد ابتعدوا عن الزوج أو الزوجة المحتملين لأنَّه لا يمكن أن يكون لديهم يسوع وهذا الشخص. أعلم أنَّه ستكون هناك أوقات يشكّكون فيها في هذا القرار. لكنَّ يسوع يقول لهم إنَّهم ربحوا أكثر بكثير ممَّا خسروه.

تكمن المشكلة في كثير من الأحيان في أنَّه عندما نسمع هذه القصص، فإنَّ قلوبنا فجأة تتقسَّى خوفًا وحفاظًا على الذات.

**لكنَّ القلوب الصلبة لا تفي بمتطلّبات الملكوت.**

تحوِّلك القلوبُ الصلبة للنظر إلى نفسك.

إنَّها تملأك بالشفقة على الذات.

تتأكَّد القلوبُ الصلبة من بقاء الباب الأمامي مغلقًا.

تجعل القلوبُ الصلبة زواجي، وعائلتي، وعزوبيَّتي، ومنزلي وممتلكاتي، كلها تتمحور حولي **أنا** و**مِلكي أنا**.

هذا ما يصفه الكتاب المُقدَّس بأنَّه عبادة الأوثان. لا علاقة للأوثان بالتماثيل المنحوتة من الخشب. إنَّها أيُّ شيءٍ نستثمر فيه آمالنا وأحلامنا وهدفنا. هي بدائل الله. من المهمّ أن ندرك أنَّه حتَّى الأشياء الجيِّدة تصبح أشياء سيِّئة عندما تحل محل ما هو لله. والأشياء الجيِّدة تصنع أسوأ أنواع الأوثان لأنَّ من السهل أن نعقلها ونبرِّرها.

على سبيل المثال، عندما ينمو حبُّنا لشخص أو شيء ما لدرجة أنَّنا لا نستطيع العيش بدونه، يصبح حبُّنا مشوَّهًا ووثنيًّا. نحن نتشبَّث بما هو «لنا» بقوَّة لدرجة أنَّ قلوبنا تتصلَّب. ثمَّ يحدث شيئان:

١. يثبت الشيء الذي نتشبَّث به بإحكام عدم قدرته على تحمُّل العبء الذي نضعه عليه،

٢. ويبدأ هذا الشيء بالذات في امتلاكنا والسيطرة علينا وسحقنا.

الخبر السارُّ هو أنَّ يسوع مات لينجِّينا من هذه العبوديَّة والأسر.

هناك مفارقة جميلة في مبدأ الوكالة: يجب أن نفلت قبضتنا لنعتني بما يمنحه الله بشكل صحيح.

فقط القلوب التي تم ربحها للمسيح ومن خلاله هي التي تنبضُ لخير الآخرين. هذا هو جمال الملكوت، وجمال الملك. إنَّه يكلِّفنا كلَّ شيء لدينا، فنكسب أكثر ممَّا نتخيَّله.

إذًا، كيف سنعتني بأمور الله وشعبه لمجده؟

## آيات للحفظ

**«فَأَطْلُبُ إِلَيْكُمْ أَيُّهَا ٱلإِخْوَةُ بِرَأْفَةِ ٱللهِ أَنْ تُقَدِّمُوا أَجْسَادَكُمْ ذَبِيحَةً حَيَّةً مُقَدَّسَةً مَرْضِيَّةً عِنْدَ ٱللهِ، عِبَادَتَكُمُ ٱلْعَقْلِيَّةَ»**. (رومية ١٢: ١)

## مُلخَّص

بصفتنا وكلاء، فإنَّنا مدعوُّون لتحمُّل المسؤوليَّة والعناية بما لله. لكنَّنا نبدأ بسهولة في الاعتقاد بأنَّ كلَّ شيء يخصُّنا حقًّا. إنَّ تذكُّر أنَّ كلَّ ما لدينا هو من أبينا الرؤوف يحفِّزنا على العطاء والخدمة بحُريَّة. ففي النهاية، إنَّها أغراضه، وليست أغراضنا! وبينما نتخلَّى عن حياتنا في خدمة الله والآخرين، فإنَّنا ننال بركات الطاعة التي لا تُحصى. كلُّ ما هو جيِّد في حياتنا هو عطيَّة من لطف الله وكرمه.

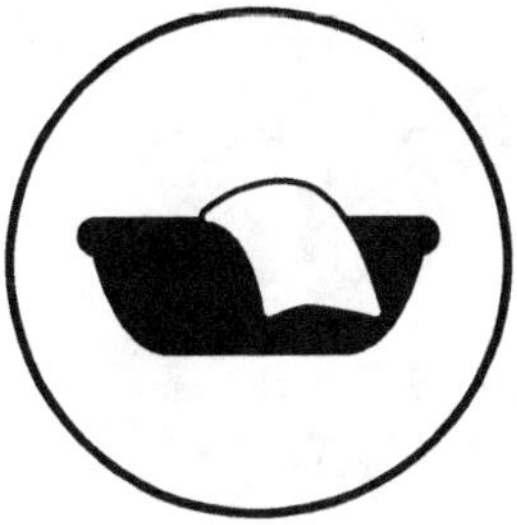

## ما المقصود؟

بصفتنا خطاة
مخدومين،
هكذا نخدم
نحن الخطاة.

# ٤- من الذين يجب علينا أن نخدمهم؟

## مُلخَّص لما تعلَّمناه

لقد تحدَّثنا حتَّى الآن عن:

(١) من يستطيع الله أن يستخدمه،

(٢) لماذا يجب أن نخدم،

(٣) والوكالة.

آمل أن تكون قد علقتْ في ذهنك فكرتان رئيسيَّتان: أوَّلًا، أنَّ الله هو بطل هذه القصَّة – إنَّها حقًّا تدور حوله وحول مجده! وثانيًا، أنَّ هذا البطل قد أذلَّ نفسه حتَّى الموت على الصليب ليبحث عن المفقودين وينقذهم. إلهنا العظيم القويُّ هو الخادم الأسمى. هذا وحده يدفعنا إلى طاعة وصيَّته لخدمة الآخرين وأن نكون وكلاء صالحين على عطاياه لنا.

## من الذي يجب علينا أن نخدمه؟

إنَّها قائمة لا بأس بها، وربَّما يكون من المفيد نشرها في البداية. ليس هناك تأثير صغير عندما يتعلَّق الأمر بكونك جزءًا من ملكوت

الله! بصفتنا أولئك الذين حرَّرهم المسيح من الخطيَّة والذات والشيطان، فنحن أحرار في خدمة:

- الله
- مسيحيِّين آخرين
- أولئك الذين نحبُّهم
- أولئك الذين لا نحبُّهم
- أولئك الذين ليسوا مثلنا
- حتَّى أولئك الذين لا يحبُّوننا

باختصار، نحن نخدم أيَّ شخصٍ وكلَّ شخصٍ. قال مارتن لوثر، الراهب الألمانيُّ الذي أطلق حركة الإصلاح منذ حوالي ٥٠٠ عام: «**المسيحيُّ هو سيِّدٌ حرٌّ تمامًا، لا يخضع لأيِّ شيء. المسيحيُّ هو خادم مطيع تمامًا للجميع، وخاضع للجميع**».

لكنَّ أيًّا من هذين الوضعين؟ فإمَّا أن لا يكون المسيحيُّ تحت سلطة أحد، أو أن يكون المسيحيُّ تحت سلطة كلِّ الناس وخادم للآخرين. لا يمكن أن يكون كلاهما بالتأكيد؟!

## جيمس

كيف يعمل هذا؟ كيف يمكن للمسيحيِّ أن يكون «حرًّا تمامًا» و«خادمًا مطيعًا تمامًا»؟ أنا لا أفهم.

**تَوَقَّف**

كيف يمكنك مساعدة جيمس على فهم هذه الحقيقة؟

نعم بالفعل، يمكن ويجب أن يكون كليهما. المسيحيُّ هو شخص «حرٌّ تمامًا» في الربِّ. نحن نتبع المسيح وحده: لقد ربحنا وتحرَّرنا من عبوديَّة الخطيَّة. لا يوجد شخصٌ آخر لديه سلطة علينا. لكن في الوقت نفسه، يدعونا مَلِكنا إلى التخلِّي عن أفضل ما لنا، وعن كبريائنا، والخضوع لسلطة وأفضليَّة الآخرين. هذا هو مبدأ «اهتم بالآخرين أوَّلًا».

وصفَ لوثر جانبًا أساسيًّا من الحياة بوصفنا أتباعًا ليسوع: يطلب منَّا مَلِكنا أن نبذل حياتنا في خدمة الآخرين، في حين أنَّ ولاءنا كلَّه يكون له وحده.

لذلك، نحن لا نخدم مثل العبيد الذين ليس لديهم خيار. يمكننا أن نخدم الآخرين بفرح فقط **لأنَّنا** خُدِمْنا من قِبَل مَلِكنا الخادم الوحيد الحقيقيِّ.

لكنَّ سؤالنا يدور حول مَن يجب أن نخدم. يقول لوثر إنَّ المسيحيَّ هو «خادمٌ مُطيعٌ **للجميع** وخاضعٌ **للجميع**». مَن يجب أن نخدم؟ يجب أن نخدم **الجميع**؛ كلَّ واحدٍ!

### تَوَقَّف

ضع في اعتبارك جميع الأشخاص الذين تقابلهم خلال اليوم: مساعد المتجر، ومعلّم أطفالك، وأصدقاءك، وأطفالك، وزملائك السائقين على الطريق، وجيرانك. كيف سيكون شكل خدمة هؤلاء الأشخاص؟ أعط أمثلة. كيف يمكنك خدمة سائق الحافلة؟ كيف تخدم عائلتك؟ مديرك؟ أصدقائك؟

نحن نرى أنَّنا يجب أن نخدم **جميع الناس**... ولكن ما هو جوهر خدمة الآخرين؟ كيف تبدو في الحياة الحقيقيَّة؟ ممَّا لا يثير الدهشة، أنَّ الكتاب المُقدَّس مفيد للغاية هنا.

## الخدمة في محيط العائلة

في الثقافة العالمية، الفرد هو مركز كلِّ الأشياء. في المقابل، كما رأينا في الكتاب المُقدَّس، إنَّ الله هو مركز كلِّ الأشياء. لكنَّ إله الكتاب المُقدَّس هو إله واحد في ثلاثة أقانيم: الآب والابن والروح القدس. إنَّه إله علاقاتيٌّ، والحقيقة المتعلِّقة به بوصفه الإله الواحد في ثلاثة أقانيم أساسيَّة لهويَّته وطبيعته. هذا هو الله الذي نحمل صورته، ممَّا يفسِّر رغبتنا وقدرتنا على تكوين العلاقات. فنحن نعكس طبيعة الله بالطريقة التي بها نريد ونحتاج للآخرين، والآخرون ضروريُّون لما نحن عليه بصفتنا بشرًا.

عندما نصبح مسيحيِّين، فإنَّنا لا نخلص ببساطة للاستمتاع بعلاقة شخصيَّة مع الله؛ **لقد أُنقِذنا من فرديَّتنا وانعزاليَّتنا**. ومن خلال الدخول في علاقة مع الله، نشكِّل علاقة مع الآخرين.

ولكن كيف تبدو خدمة هذه العائلة الجديدة التي جئنا إليها؟

يزخر العهدُ الجديد بالمقاطع التي تسلِّط الضوء على البعد العلائقيّ الأساسيّ لهويَّتنا بصفتنا مسيحيِّين. فيما يلي عددٌ قليلٌ من الأمثلة:

أوَّلًا وقبل كلّ شيء، يجب أن **نحبَّ بعضنا البعض** (يوحنا ١٣: ٣٤). تعمل هذه الوصيَّة بمحبَّة بعضنا البعض في كلّ أجزاء العهد الجديد. في رسالة يوحنَّا الأولى، يقول باستمرار لقرَّائه أن يحبُّوا بعضهم البعض (١ يوحنا ٣: ١١؛ ٤: ٧، ١١؛ ٢ يوحنَّا ٥). توضِّح رسالة يوحنَّا الأولى ٣: ٢٣[1] مدى أهميَّة ذلك. فهذه الوصيَّة هي بأهميَّة الوصيَّة بأن نؤمن باسم يسوع! تقول رسالة رومية ١٢: ١٠ إنَّنا يجب أن نكون «**وَادِّينَ بَعْضُكُمْ بَعْضًا بِٱلْمَحَبَّةِ ٱلْأَخَوِيَّةِ**». فعندما نخدم الآخرين، نحن نحبُّهم بالمحبَّة الأخويَّة. إنَّه ليس مجرَّد واجب، بل فرح. نحن نستمتع بالاستماع إليهم. نفكِّر فيهم بدفء. نتعامل معهم بصفتهم عائلة.

تمضي رسالة رومية ١٢: ١٠ لتقول إنَّنا يجب أن نكون «**مُقَدِّمِينَ بَعْضُكُمْ بَعْضًا فِي ٱلْكَرَامَةِ**». لذلك علينا أن **نكرم بعضنا البعض**. نظهر الكرامة للآخرين من خلال اعتبارهم أوَّلًا، من خلال اعتبارهم مهمِّين وقيِّمين. لكن لا يأتي هذا دائمًا بسهولة، أليس كذلك؟ غالبًا ما يكون الكبرياء مشكلة أكبر ممَّا نهتمُّ بالاعتراف به، والتفكير في أنفسنا بدرجة أعلى ممَّا ينبغي سيؤدِّي دائمًا إلى موقف نقديٍّ وحكميٍّ فيه إدانة تجاه الآخرين.

إذا كنَّا سنرفض الجلوسَ لدينونة بعضنا البعض، فسنحتاج إلى تعلُّم كيفيَّة قبول ببعضنا البعض («**لِذلِكَ اقْبَلُوا بَعْضُكُمْ بَعْضًا كَمَا أَنَّ الْمَسِيحَ أَيْضًا قَبِلَنَا، لِمَجْدِ اللهِ**» [رومية ١٥: ٧]). بمجرَّد

١ ١ يوحنا ٣: ٢٣: "وَهَذِهِ هِيَ وَصِيَّتُهُ: أَنْ نُؤْمِنَ بِٱسْمِ ٱبْنِهِ يَسُوعَ ٱلْمَسِيحِ، وَنُحِبَّ بَعْضُنَا بَعْضًا كَمَا أَعْطَانَا وَصِيَّةً".

أن ندرك مَن نحن في الإنجيل، ونبدأ في تقدير ما فعله الله لنا في المسيح، فإنَّ الوصايا الواردة في غلاطية ٥: ١٣[٢] ستكون بمثابة تشجيع وإمكانيَّة في نفس الوقت.

يخبرنا بولس أنَّنا مدعوُّون للحريَّة، لكن علينا استخدام هذه الحريَّة **لخدمة بعضنا البعض.** قد لا نرغب في قبول بالآخرين لمجموعة من الأسباب: يرتدون ملابس أو يتحدَّثون بشكل مختلف، إنَّهم أغنى أو أفقر منَّا، لون بشرتهم مختلف عن لون بشرتنا، لديهم أفكار مختلفة عن لاهوتنا، يجدون أفلامًا مختلفة مضحكة، يحبُّون الهيب هوب (hip–hop) ونحن نحب المسرحيَّات الموسيقيَّة. نحن نعلم، من تجربتنا الخاصَّة، أنَّ أشياء سخيفة مثل هذه يمكن أن تقودنا إلى إبعاد أنفسنا عن الآخرين. وهذه المسافة تجعلنا لا نريد خدمتهم. لكن من أجل مجد الله، نحن مدعوُّون للترحيب وقبول بعضنا البعض، ومن ثمَّ نخدم بعضنا البعض.

## جيمس

لكن ماذا عن الأشخاص الذين لا أحبُّهم، مثل والدي؟ لقد تخلَّى عنَّا وهجرنا عندما كنَّا أطفالًا وهو ليس سوى شارب خمور أحمق! كيف يفترض بي أن أخدمه؟

## تَوَقَّف

مع وضع هذا المثال المحدَّد في الاعتبار، من هم الأشخاص الذين تجد أنَّه من السهل خدمتهم؟ مَن قد يكون أصعب عليك أن تخدمه؟ ماذا ستفعل حيال ذلك؟

٢ غلاطية ٥: ١٣: "فَإِنَّكُمْ إِنَّمَا دُعِيتُمْ لِلْحُرِّيَّةِ أَيُّهَا ٱلإِخْوَةُ. غَيْرَ أَنَّهُ لَا تُصَيِّرُوا ٱلْحُرِّيَّةَ فُرْصَةً لِلْجَسَدِ، بَلْ بِٱلْمَحَبَّةِ ٱخْدِمُوا بَعْضُكُمْ بَعْضًا".

## النقطة الأساسية

كيف نخدم ومَن نخدم هي أشياء تتغيَّر جذريًّا عندما نصبح جزءًا من ملكوت الله. فقد أصبحت لدينا الآن هويَّة جديدة، ولسنا مُضطرين للتملُّق من أجل المضي قدمًا، ومن الممكن حتَّى أن نفشل ونستمرَّ في الازدهار بصفتنا مواطنين في ملكوت المسيح! إنَّ رعايتنا للآخرين مدفوعة بمحبَّة يسوع وليس ما بما يعود لنا في المقابل من هذه المحبة. وعندما نُدعى لخدمة ومحبَّة الجميع، فهذا هو أفضل دافع ممكن.

**مَن نخدم؟**

- أولئك الذين يكرهوننا.

هناك شيء ثوريٌّ رائع في خدمة ومحبَّة أولئك الذين يكرهوننا.

كلُّنا نجد أنَّه من الأسهل بكثير خدمة زملائنا. إذا كنَّا صادقين، نشعر أنَّ أولئك الذين يحبُّوننا والذين هم مثلنا يستحقُّون رعايتنا. لكنَّ الإنجيل يرسم صورة مختلفة تمامًا، أليس كذلك؟ لقد رأينا أنَّ يسوع خدم أولئك الذين لم يستحقُّوا ذلك. وفي حال نسينا، فهذا يشملك أنت وأنا! وضع يسوع نموذجًا للمجد الثوري في خدمة ومحبَّة الكارهين.

**هو يدعونا لفعل الخير حتَّى لمن يخطئ إلينا.**

هذه قصَّة قديمة تتعمَّق في الكتاب المُقدَّس. أَحَبَّ يوسف الإخوة الذين خانوه بل وخدمهم. لقد خدم المؤمنون عبر التاريخ وأحبُّوا

أولئك الذين سعوا لإيذائهم، ورسموا صورة مذهلة لقوَّة الله في حياة أبنائه.

دعني أخبرك بقصَّة ديرك ويليمز (Dirk Willems) الذي عاش في القرن السادس عشر. أجد هذه القصة سخيفة وجميلة في الوقت نفسه.

كان ديرك يهرب من ضابط المحكمة. لقد كان مُجرمًا فقط لأنَّه تساءل عن كيفيَّة عمل الدولة للدين. كانت جريمته أنَّه تعمَّد مرَّة أخرى بعد أن صار بالغًا، لأنَّه لم يعتقد أنَّ تعميده عندما كان طفلًا كان تعبيرًا جيِّدًا عن إيمانه الشخصيِّ بيسوع. كان واحدًا من مجموعة تُعرَف باسم «مجدِّدي المعموديَّة» (Anabaptists). لقد عانوا الكثير بسبب معتقداتهم.

عالمًا أنَّ اعتقاله سيؤدِّي إلى موته، تمكَّن ديرك من الهروب من السجن عن طريق صنع حبل من ملاءات السرير والنزول إلى السطح الخارجيِّ للمبنى. لكنَّه رُصدَ وتمَّت متابعته. ركض فوق بحيرة متجمِّدة وتمكَّن من عبورها، لكن عندما حاول مسؤول المحكمة متابعته، انكسر الجليد وسقط المسؤول في المياه المتجمِّدة. كان بإمكان ديرك أن يهرب بسهولة. لكن بدلًا من ذلك، عاد لإنقاذ الرجل، الذي عندما انضمَّ إليه ضباطه، قام على الفور باعتقال ديرك. وقد حوكم ويليمز وأُعدِم بعد ذلك. وسُجِّل أنه مات موتًا طويلًا وبائسًا حرقًا بالنار.[٣]

أليس هذا مثالًا مُذهلًا لما تعنيه خدمة أعدائنا؟ إنه يبدو جيِّدًا جدًّا على أن يكون حقيقيًّا؛ أو غبيًّا جدًّا على أن يكون حقيقيًّا! وستكون

3 Thieleman J. van Braght, 'The Martyrs' Mirror', *Herald Press*, 1938, p. 741.

الكيفيَّة التي تنظر بها إليه مؤشِّرًا على مدى فوز المسيح بقلبك. إنَّ إنقاذ يسوع لنا يجعل تضحية ديرك تبدو ضعيفة عند مقارنتها.

**مَن نخدم؟**

• الضعفاء والمجروحين.

عندما قرأتُ إنجيل لوقا، انجذبتُ إلى عدد المرَّات التي نجد فيها يسوع مُتعلِّقًا بمن يرفضهم المجتمع. اختار أن يكون معهم بدلًا من أن يكون مع الأغنياء والأقوياء. في الواقع، كان هذا هو الحال إلى حدٍّ كبير حتَّى أنَّه وُصف بأنَّه مخمورٌ وشَرِه لأنَّه قضى كلَّ هذا الوقت في التسكُّع مع المهمَّشين.

لقد تخلَّى المجتمع عن هؤلاء الناس. لم تكن لديهم شبكة أمان للضمان الاجتماعيِّ. كان عليهم تحقيق ذلك بالاعتماد على ذكائهم وحكمتهم. الزُناة، على سبيل المثال، «اخترن» تلك المهنة فقط لأنَّ أزواجهن هجروهن. كانت فرصهن قليلة ولم تكن آفاقهن مشرقة. كان الأمر نفسه مع المرضى والمنبوذين. في الواقع، خرج يسوع عن طريقه ليبلغ ويخدم منبوذًا ومُتجاهَلًا من المجتمع. التقى بهم يسوع في نقطة احتياجهم وضعفهم.

**مَن نخدم؟**

• الضالُّون.

نحن جميعًا مسيحيُّون لأنَّ أحدهم قد خدمنا بإحضار الإنجيل إلينا. ببساطة، كنَّا ضالِّين، فوجدنا شخصٌ ما. في النهاية، هذا الشخص هو يسوع. لكن تقريبًا، دائمًا ما يستخدم يسوع الآخرين ليذهبوا

ويجدونـا. بصفتنـا أولئك الذيـن فُقـدوا أو ضلُّـوا، ولكـن عُثـرَ عليهـم الآن، فـإنَّ قلوبنـا تتـوق إلـى رؤيـة الآخريـن يُنقـذون أيضًـا.

غالبًـا مـا يُتَّهـم المسيحيُّون بأنَّهـم «أقـدس منـك». للأسـف، قـد نواجـه هـذا الموقـف كثيـرًا. لكـنَّ الحقيقـة هـي أنَّ المسـيحيِّين هـم مثـل أيِّ شـخص آخـر، بصـرف النظـر عـن حقيقـة أنَّ يسـوع قـد أنقذنـا. ليس لدينـا مـا نتفـوَّق بـه علـى أحـد ولدينـا كل شـيء لنشـكر عليـه. ليـس الضيـاع إنجـازًا للتباهـي بـه، وليـس الإنقـاذ سـببًا للتهنئـة – كأنَّنـا فعلنـا ذلـك. إذا فهمنـا الخـلاص بشـكل صحيـح، فسـترقُّ قلوبنـا لمـن هـم مثلنـا تمامًـا. وعـن القلـوب الرقيقـة تنتـج خدمـة البـذل والتضحيـة.

## العظمة الحقيقيَّة في الملكوت

**«وَجَـاءَ إِلَـى كَفْرِنَاحُـومَ. وَإِذْ كَانَ فِـي ٱلْبَيْـتِ سَـأَلَهُمْ: «بِمَـاذَا كُنْتُـمْ تَتَكَالَمُـونَ فِيمَـا بَيْنَكُـمْ فِـي ٱلطَّرِيـقِ؟». فَسَـكَتُوا، لِأَنَّهُـمْ تَحَاجُّـوا فِـي ٱلطَّرِيـقِ بَعْضُهُـمْ مَـعَ بَعْضٍ فِـي مَـنْ هُـوَ أَعْظَـمُ. فَجَلَـسَ وَنَـادَى ٱلِٱثْنَـيْ عَشَـرَ وَقَـالَ لَهُـمْ: «إِذَا أَرَادَ أَحَـدٌ أَنْ يَكُـونَ أَوَّلًا فَيَكُـونُ آخِـرَ ٱلْكُلِّ وَخَادِمًـا لِلْكُلِّ». فَأَخَـذَ وَلَـدًا وَأَقَامَـهُ فِـي وَسْـطِهِمْ ثُـمَّ ٱحْتَضَنَـهُ وَقَـالَ لَهُـمْ: «مَـنْ قَبِلَ وَاحِـدًا مِـنْ أَوْلَادٍ مِثْـلَ هَـذَا بِٱسْـمِي يَقْبَلُنِـي، وَمَـنْ قَبِلَنِـي فَلَيْـسَ يَقْبَلُنِـي أَنَـا بَـلِ ٱلَّـذِي أَرْسَـلَنِي»».**
(مرقس ٩: ٣٣–٣٧)

لا تُقـاس العظمـة الحقيقيَّـة بحجـم الأنـا، ولا بـ «روعـة» الأشـخاص الذيـن يقضـون وقتًـا بالقـرب منَّـا. تتجلَّـى العظمـة الحقيقيَّـة فـي رغبتنـا فـي أن نكـون خادميـن للجميـع: غيـر المنسـجمين، غيـر المهمِّيـن، الذيـن

لا شأن لهم، المجهولون، الغرباء، المرفوضون، المختلفون. الأشخاص الذين **لا** يحسِّنون سمعتنا فحسب، بل قد يفسدونها!

لأنَّ أناسًا مثل هؤلاء هم الذين يشكِّلون الملكوت الذي يحكمه يسوع.

في الأساس، لا أحد منَّا يستحقُّ ذلك. نحن نخدم الخطاة لأنَّنا بوصفنا خطاة قد قام مخلِّص عظيم بخدمتنا. بالطبع، هذا صعب. لكنَّ الصليب لم يكن بالأمر السهل أيضًا. وإذا كان المسيح على استعداد لتحمُّل ذلك من أجلنا، فكيف لا نكون مستعدين لإراقة الدماء والعرق والدموع في خدمة الآخرين؟

## آيات للحفظ

«**لَا تَنْسَوا إِضَافَةَ ٱلْغُرَبَاءِ، لِأَنْ بِهَا أَضَافَ أُنَاسٌ مَلَائِكَةً وَهُمْ لَا يَدْرُونَ**». (عبرانيين ١٣: ٢)

## مُلخَّص

مَن نخدم؟ لأنَّنا قد خُدمنا، فنحن قادرون على خدمة **جميع** الناس برعاية حقيقيَّة لخيرهم. نحن مدعوُّون لخدمة إخوتنا وأخواتنا في الربِّ. لكنَّنا مدعوُّون أيضًا لخدمة المهمَّشين، الضائعين، أولئك الذين يكرهوننا، الضعفاء، الفقراء، المدمنين، الأغنياء. نحن نخدم بغضِّ النظر عن السمعة أو المكانة، ويكشف حبُّنا للأضعف والأكثر غرابة فقط عن رحمة ونعمة الله أبينا.

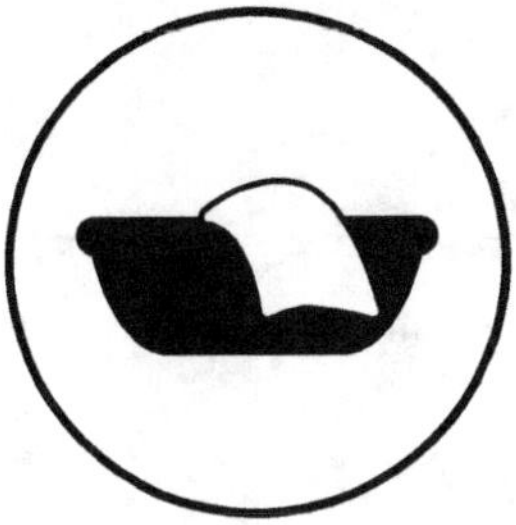

## ما المقصود؟

رَكِّزْ في شخص يسوع.

# ٥- ماذا لو لم أرغب في الخدمة؟

## مُلخَّص لما تعلَّمناه

تحدَّثنا في الفصل الأوَّل عن حقيقة أنَّ الله هو البطل؛ يفرح بأن يستخدم الضعفاء لمجده. أشار الفصل الثاني إلى أنَّ خادمنا الملك، يسوع، هو سبب وقوَّة خدمتنا له وللآخرين. في الفصل الثالث، أدركنا حقيقة أنَّ كلَّ ما نعتبره «مِلكًا لنا» هو هبة من الله! وأخيرًا، في الفصل الرابع، قمنا بتفصيل مَن يجب أن نخدم؛ الجميع. لكن الأن سوف ننظر إلى شيء يعيق طريقنا.

## متلازمة «لا يهمّني الأمر»

لكن الآن سننظر إلى شيء يعيق الطريق. أتمنَّى الآن أن تكون قد رأيتَ أنَّ الخدمة ضروريَّة بالنسبة للمسيحيّ. ليست خدمة الآخرين إضافة اختياريَّة لاتباع يسوع. بل بالحريّ، أن نكون خدَّامًا هو **ما نحن عليه** أو هو نمط وجودنا في المسيح. لقد قام يسوع بخدمتنا، لذلك نحن نخدم الآخرين. الأمر هو حقًّا بهذه البساطة.

## جيمس

حسنًا، أنا لستُ مُنكرًا لذاتي كما اعتقدت. في الحقيقة، أنا أناني بعض الشيء!

### تَوَقَّف

فكِّرْ بصدق في سلوكك. هل خدمة اللّه والآخرين تحتلُّ مكانة بارزة في حياتك؟ هل تعتقد أنَّ الآخرين سيصفونك بأنّك «على استعداد للخدمة»؟

إذا كنتَ مثلي، فستشعر بالفرق بين القراءة عن الخدمة وممارستها عمليًّا. لدينا الكثير من الأفكار العظيمة، أليس كذلك؟

**سأساعد في الغسيل، بالتأكيد.**

ولكن عندما يحين الوقت، إذا كنتُ أجري محادثة جيِّدة مع رفيقي، فسأدع الآخرين يتابعون الغسيل بمفردهم.

**بالطبع، سأكون هناك عندما يحتاج أصدقائي إلى شخص ما.**

لكن عندما أسمع رنين جرس الباب في الساعة الـ ١١ مساءً، أقوم بسحب اللحاف فوق رأسي.

**لكنني بالتأكيد سأساعد في الكنيسة!**

ولكن عندما تتضمَّن المساعدة في وقت تناول الوجبات الخفيفة وخدمة الأطفال في سنِّ الثالثة، أقرِّر أنَّ الوقت الحاليَّ ليس أفضل وقت للتطوُّع.

هناك تشخيصٌ عميقٌ ودقيقٌ لهذه الأعراض، وله اسمٌ تقنيٌّ: «متلازمة لا يهمَّني الأمر».

إنَّ إعراضنا عن الخدمة ليس مُعقَّدًا. إنَّه ببساطة نوعٌ من الكسل. إنَّه يشبه إلى حدٍّ ما التمرين الرياضيَّ: نحن نعلم أنَّه مفيد لنا ولدينا كلُّ النيَّة للقيام بذلك. لكنَّه مثل النظام الغذائيِّ، دائمًا ما يبدأ غدًا!

الآن ليست ممارسة الرياضة هي التوضيح المثاليُّ. فهي بالنسبة لشخص ما، قد تحمل نتائج ملموسة: تزداد مستويات الإندورفين لدينا، ممَّا يجعلنا نشعر بتوهُّج الإنجاز والصحَّة الجيِّدة. ينخفض ضغط الدم لدينا، ويصبح قلبنا أكثر صحَّة، وتقوى عضلاتنا، وتصبح أجسامنا أكثر رشاقة. لكن خدمة الآخرين؟ هذا لا يقدِّم مثل هذه الفوائد الواضحة. غالبًا ما تكون خدمة شاقَّة وصعبة؛ متعبة ومستنزفة.

لكنَّ الخدمة والتمرين متشابهان من حيث أنَّنا نميل إلى تجاهلهما بسبب الكسل. لدينا أشياء أخرى نفضِّل القيام بها. هذه هي القضيَّة المركزيَّة. لماذا؟!

**لأنَّنا دائمًا نفعل ما نريد القيام به.**

## تَوَقَّف

قد تفكِّر: «انتظر. ماذا؟ لا يستطيع الكثير من الأشخاص فعل ما يريدون». ما رأيك في عبارة «نفعل دائمًا ما نريد فعله»؟ هل هذا صحيح؟

يعني القيام بما نريد القيام به أنَّنا نفعل ما نريد فعله حقًّا، في أعماقنا. قد لا ترغب عاملة التنظيف في قضاء يوم كامل

فـي تنظيـف المراحيـض، لكنَّهـا تريـد أن تدفـع إيجارهـا. قـد لا ترغـب فـي تسـليم محفظتـك عنـد وضـع سـكين علـى حلقـك، لكنَّـك تريـد أن تحافـظ علـى حياتـك أكثـر مـن ١٠ جنيهـات إسـترلينيَّة. عندمـا يقـوم البشـر بأشـياء صعبـة، فهنـاك دائمًـا دافـعٌ أو «رغبـة» كامنـة. وبعبـارة أخـرى، هنـاك شـيءٌ أقـوى مـن عـدم سـرورك عنـد عمـل هـذا الشـيء. لا يريـد الرياضيُّـون الاسـتيقاظ قبـل الفجـر فـي منتصـف الشـتاء للتدريـب، لكنَّهـم يريـدون مكانًـا فـي المنافسـة القادمـة، وهـم بالتأكيـد يريـدون مكانًـا علـى منصَّـة التتويـج!

تمهَّـل، فلهـذا علاقـة بخدمـة الآخريـن. كمـا تـرى، مـن السـهل أن تكـون مشـغولًا عنـد الحاجـة، أو أن تغلـق زر الجـرس عندمـا يـرنُّ المنبِّـه فـي وقـت الجـري فـي الصبـاح الباكـر. لكـنَّ سـلوكنا أكثـر أهميَّـة ممَّـا نعتقـد لأنَّـه يظهـر شـيئًا مـا حـول مـا نريـد، حـول مـا نريـده حقًّـا!

إذا أردنا أن نخدم أكثر ممَّا نريد راحتنا، فسنكون متاحين.

إذا أردنـا أن ننمـو أقويـاء وأصحَّـاء أكثـر ممَّـا نريـد راحتنـا الخاصَّـة، فسـوف نخـرج مـن السـرير ونرتـدي أحذيـة الجـري الخاصَّـة بنـا.

نعلـم جميعًـا أنَّ تجاهـل التماريـن الرياضيَّـة لـه عواقـب علـى أجسـادنا، فضـلًا عـن صحَّتنـا العاطفيَّـة والروحيَّـة. لكـنَّ تجاهـل دعوتنـا لخدمـة الله والآخريـن لـه عواقـب أبديَّـة؛ لأنَّـه عصيـان. إنَّ متلازمـة «**لا يهمَّنـي الأمـر**»، يمكـن أن تكـون قاتلـة فـي الواقـع.

نـرى فـي سـفر العبرانيِّيـن أحـد مخاطـر العصيـان: إنَّـه يُقسِّـي قلوبنـا. فـي النهايـة، عندمـا لا نطيـع فهـذا ببسـاطة لأنَّنـا لا نريـد أن نطيـع.

«أُنْظُرُوا أَيُّهَا ٱلْإِخْوَةُ، أَنْ لَا يَكُونَ فِي أَحَدِكُمْ قَلْبٌ شِرِّيرٌ بِعَدَمِ إِيمَانٍ فِي ٱلِٱرْتِدَادِ عَنِ ٱللهِ ٱلْحَيِّ. بَلْ عِظُوا أَنْفُسَكُمْ كُلَّ يَوْمٍ، مَا دَامَ ٱلْوَقْتُ يُدْعَى ٱلْيَوْمَ، لِكَيْ لَا يُقَسَّى أَحَدٌ مِنْكُمْ بِغُرُورِ ٱلْخَطِيَّةِ. لِأَنَّنَا قَدْ صِرْنَا شُرَكَاءَ ٱلْمَسِيحِ، إِنْ تَمَسَّكْنَا بِبَدَاءَةِ ٱلثِّقَةِ ثَابِتَةً إِلَى ٱلنِّهَايَةِ، إِذْ قِيلَ:

«ٱلْيَوْمَ، إِنْ سَمِعْتُمْ صَوْتَهُ،

فَلَا تُقَسُّوا قُلُوبَكُمْ، كَمَا فِي ٱلْإِسْخَاطِ».

فَمَنْ هُمُ ٱلَّذِينَ إِذْ سَمِعُوا أَسْخَطُوا؟ أَلَيْسَ جَمِيعُ ٱلَّذِينَ خَرَجُوا مِنْ مِصْرَ بِوَاسِطَةِ مُوسَى؟ وَمَنْ مَقَتَ أَرْبَعِينَ سَنَةً؟ أَلَيْسَ ٱلَّذِينَ أَخْطَأُوا، ٱلَّذِينَ جُثَثُهُمْ سَقَطَتْ فِي ٱلْقَفْرِ؟ وَلِمَنْ أَقْسَمَ: «لَنْ يَدْخُلُوا رَاحَتَهُ»، إِلَّا لِلَّذِينَ لَمْ يُطِيعُوا؟ فَنَرَى أَنَّهُمْ لَمْ يَقْدِرُوا أَنْ يَدْخُلُوا لِعَدَمِ ٱلْإِيمَانِ». (عبرانيين ٣: ١٢–١٩)

## جيمس

لكنَّ الاختصاصيَّة الاجتماعيَّة الخاصَّة بي تقول إنَّ عليَّ أن أعتني برقم واحد، بالأولويَّة. تقول إنَّ عليَّ أن أحبَّ نفسي أوَّلًا وقبل كلِّ شيء. هل هي مخطئة إذًا؟

## توَقَّف

هل الاختصاصيَّة الاجتماعيَّة الخاصَّة به مخطئة؟ اشرح لجيمس أخطاءها إن وُجِدتْ من عدمها.

إذًا ما الذي يحدث في القلب عندما لا نريد خدمة الآخرين؟

نحاول غالبًا أن نجعل الأمور أكثر تعقيدًا ممَّا هي عليه لأنَّ هذا يخلق إحساسًا **بأنَّنا** مُعقَّدون، ممَّا يعطينا الأعذار. لكنَّ السبب البسيط لعدم رغبتنا في خدمة الآخرين هو أنَّنا منشغلون بخدمة أنفسنا. كما قلنا سابقًا، على الرغم من كوننا مُحبِّين لله والآخرين، فقد أصبحنا جميعًا محبِّين للذات. وبصفتنا محبِّين لأنفسنا، فإنَّ احتياجات الآخرين هي في أحسن الأحوال مصدر إزعاج وفي أسوأ الأحوال تطفُّل لا يُغتفر. بعد كلِّ شيء، إذا كان هذا هو عالمي وأنا إلهه، فمن الأفضل للآخرين الانضمام إلى البرنامج والبدء في خدمتي!

مهما ادَّعتْ ويتني هيوستن (Whitney Houston)، فإنَّ حبَّك لنفسك ليس «أعظم حبٍّ على الإطلاق».[1] إنَّه الأكثر شعبيَّة، بالتأكيد، لكنَّه ليس الأعظم. إنَّه يستهلكنا ويذبلنا، لذا فنحن مجرَّد تعبير فقير ومثير للشفقة عمَّا كان من المفترض أن نكون عليه.

ومع ذلك، عند هذه النقطة بالتحديد نرى التناقض الغريب للإنجيل. دعني أشرح. من خلال رفض خدمة الآخرين لأنَّنا نشعر بالانبهار بأنفسنا، فإنَّنا **في الواقع** نقلِّل من شأن وقيمة أنفسنا. نحن نخسر. بعد كلِّ شيء، يخبرنا يسوع أنَّه من خلال التمسُّك بحياتنا بشدَّة نفقدها، ولكن من خلال تركها والتخلِّي عنها، نربحها.

**ساكنو السماء هم الخدَّام فقط، لأن مَلِك السماء هو نفسُه أعظم خادم على الإطلاق.**

1 Whitney Houston, 'Greatest Love of All', *Whitney Houston*, Arista Records, 1985.

دعـوة المسيح فـي حياتنـا هـي أن ننسـى أنفسـنا وأن نتبـع الله ونخـدم الآخريـن. هـذا هـو مـا خُلقنـا مـن أجلـه. لا تقبـل بأقـلّ مـن ذلـك لأنَّـك تبيـع نفسـك وتقلِّـل مـن قيمـة نفسـك إذا فعلـت ذلـك.

ولكـنَّ هـذا مـا تفعلـه متلازمـة «لا يهمَّنـي الأمـر». تـرى هـذا الأمـر، أليـس كذلـك؟ إنَّ الخطيَّـة دائمًـا مـا تُقلِّـل مـن قيمتنـا.

إذا كان القصـد مـن خلقتنـا وتصميمنـا أن نحـبَّ الله، فلـن نكـون كامليـن أبـدًا مـا لـم نفعـل ذلـك. وبالمثـل، إذا كان القصـد مـن خلقتنـا وتصميمنـا أن نحـبَّ الآخريـن بحيـث نسـعى وراء مصلحتهـم أكثـر مـن سـعينا وراء مصلحتنـا، فلـن نكـون أبـدًا كامليـن مـا لـم نفعـل ذلـك.

**دعونا نعيش تلك الحياة الآن.**

دعونـا نصيـر مَـن خلقنـا الله لنكونـه، ومَـن خلَّصنـا يسـوع لنكونـه. بعبـارة أخـرى، دعونـا نخـدم. مـن أجـل الله ومجـده، احتضنـوا الخدمـة علـى أنَّهـا جيِّـدة وجميلـة ومُرضيـة تمامًـا.

ولكـن لكـي نكـون منصفيـن، فـإنَّ قـول ذلـك أسـهل مـن فعلـه. إذًا، ما هو الحل؟

## ١. تأمَّل في يسوع

كان هـذا دائمًـا هـو المـكان المناسـب للبـدء، أليـس كذلـك؟ تأمَّـل مَـن تَـرَك فضـاء العـرش فـي السـماء لعشـوائيَّات الأرض. الـذي خلـع إكليـلًا مـن ذهـب ليرفـع إكليـلًا مـن شـوك. الملـك الـذي خلـع رداءه الفخـم ليرتـدي مئـزرًا مـن القمـاش ويغسـل أرجـل أتباعـه. المُخلِّـص الـذي وضـع مجـده جانبًـا ليحمـل صليبًـا علـى ظهـره.

## ٢. تذكّر جيمس براون (James Brown)

لقد قدَّم الأب الروحيُّ للنفس هذه النصيحة: «قم وانهض من هذا المكان».[٢] هذه ليست من بين الكلمات الأكثر عمقًا في العالم، ومن المشكوك فيه أن تفوز بجائزة في مسابقة شعر. كان السبب الذي جعل جيمس براون يريد منَّا «النهوض» هو أنَّنا قد نرقص ونشعر بتحسُّن. لكنَّ هذه النقطة واضحة رغم ذلك. في بعض الأحيان، عليك فقط النهوض من هذا الشيء؛ يجب عليك أن تنهض وتقوم بالخدمة. لا مزيد من الأعذار، لا مزيد من «غدًا، غدًا»، لا مزيد من «ربَّما سأفعل ذلك»؛ فقط انهض وافعل ذلك.

## ٣. تأمّل في يسوع ثانيةً

لكن حتَّى عندما ننهض من سباتنا ونستمرُّ في كوننا خدَّامًا حسب إرادة الله، نحن بحاجة إلى أن نتأمَّل يسوع باستمرار. لا نغفل عنه أبدًا. لا ننساه أبدًا. «**فَلْيَكُنْ فِيكُمْ [دائمًا] هَذَا ٱلْفِكْرُ ٱلَّذِي فِي ٱلْمَسِيحِ يَسُوعَ أَيْضًا: ٱلَّذِي إِذْ كَانَ فِي صُورَةِ ٱللهِ، لَمْ يَحْسِبْ خُلْسَةً أَنْ يَكُونَ مُعَادِلًا لِلهِ. لَكِنَّهُ أَخْلَى نَفْسَهُ، آخِذًا صُورَةَ عَبْدٍ ... وَضَعَ نَفْسَهُ**» (فليبي ٢: ٥–٨).

استمِر في إرجاع قلبك إليه. وعندما تجد أنَّك نسيته، ابتعدْ عن كلِّ ما يشغلك، وفكِّرْ فيه من جديد.

لكن لا ينبغي أن نكون ساذجين بشأن المواقف التي يمكن أن نجد أنفسنا فيها أحيانًا. هناك حقائق من العيش في عالم مُحطَّم تجعل من الصعب حقًّا خدمة الآخرين:

2 James Brown, 'Get Up Offa That Thing', *Get Up Offa That Thing*, Polydor Records, 1976.

- **المرض** – قد يكون الروح مستعدًّا ولكنَّ الجسد ضعيف. يُعدُّ المرض والعجز من الأسباب الحقيقيَّة وراء صعوبة الخدمة.
- **نقص الموارد** – فمثل الضعف الجسدي، قد يتضاءل رصيدي البنكيُّ، أو يكون بيتي غير مناسب، أو سيارتي مُحطَّمة. قد أرغب حقًّا في خدمة الآخرين، لكن لا يبدو أنَّني أمتلك الإمكانيَّات الكافية للقيام بذلك.
- **المعاناة** – قد يبدو أنَّ الظروف تتآمر ضدَّنا حتَّى نكون منغمسين في مآزقنا الخاصَّة ومنشغلين بالضرورة بمشاكلنا الخاصَّة.

لكن العلاج في التعامل مع هذه العقبات واحد: تأمَّل في يسوع.

عندما تُصعِّب عليك ظروفك الخدمة، انظر إلى يسوع.

عندما لا تقدر أن تتحمَّل ضيقًا ما، انظر إلى يسوع.

إنَّ رؤية المسيحيِّين المرضى والمتألِّمين يختارون أن يتأمَّلوا في يسوع، لهي شهادة رائعة على نعمة الله. إنَّ رؤية فرحهم في خدمته على الرغم من الظروف، تشير إلى يسوع. في المسيح، نحن خدَّام سواء كان ذلك سهلًا أم قاسيًا. انظر إلى المخلِّص ودع قلبك ينتعش يوميًّا بنعمته المذهلة، حتَّى تستمتع بكمال ما خُلقتَ لتكونه دائمًا.

## آيات للحفظ

«**فَلْيَكُنْ فِيكُمْ هَذَا ٱلْفِكْرُ ٱلَّذِي فِي ٱلْمَسِيحِ يَسُوعَ أَيْضًا**».
(فيلبي ٢: ٥)

## مُلخَّص

ليست خدمة الآخرين دائمًا بالخدمة السهلة. نحن نكافح متكاسلين لمقاومة الرغبة في خدمة أنفسنا، ومواجهة الصعوبات المختلفة في عالمنا الساقط. لكنَّ علاجنا هو نفس العلاج: أن ننظر إلى المسيح، ملكنا ومخلِّصنا. أن نتأمَّل فيه وهو الذي وضع مجده جانبًا ليطلب الضالِّين ويخلِّصهم. إذا اتَّبعناه، فنحن أيضًا خدَّام. لذلك دعونا نعيش مقتدين بهذا المثال! إنَّه حقًّا هدفنا وسعادتنا أن نخدم.

## ما المقصود؟

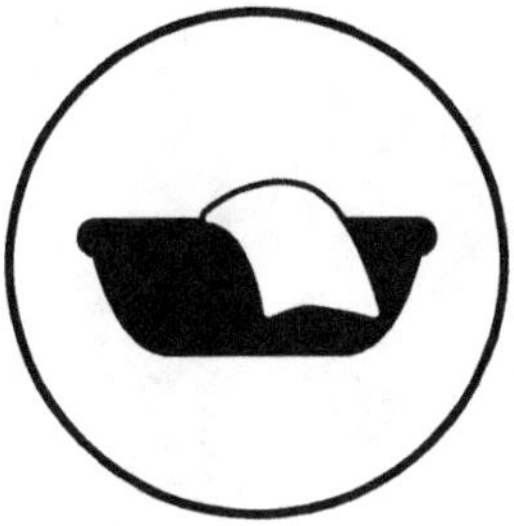

فقط الإنجيل
يمكنه أن يجعلنا
نخدم ويبقينا
نخدم.

# ٦- ما هو دافعي للخدمة؟

## مُلخَّص لما تعلَّمناه

لقد ناقشنا عددًا من الأسئلة حتَّى الآن: هل يمكن أن يستخدم الله شخصًا مثلي؟ لماذا ينبغي عليَّ أن أخدم؟ مَن يجب أن أخدم؟ ماذا عن «حياتي»؟ ماذا لو كنتُ لا أريد أن أخدم؟ من خلال كلِّ ذلك، رأينا أنَّ الله هو البطل الذي يستحقُّ إخلاصنا وخدمتنا. وقد رأينا أنَّ خدمته تمدُّنا بفرح عميق لأنَّ الخدمة هي ما خُلقنا من أجله. الآن نحن نسأل عن دافعنا للخدمة. ما الذي سيجعلنا نخدم، ويبقينا نخدم؟

## الأهميَّة العمليَّة القصوى

نحن هنا نناقش أهم التفاصيل العمليَّة، أي أعمق دوافع قلوبنا وأكثرها ظلمة:

**ما الذي يجعلنا نختار الخدمة؟**

**ما الذي يجب أن يجعلنا نختار الخدمة؟**

**ما الفرق، وكيف يمكننا أن نجعل هذين الأمرين متطابقين حتَّى نفعل ما يجب علينا القيام به، وللأسباب الصحيحة؟**

## تَوَقَّف

تتذكَّر أنَّه في الفصل الثاني سألنا: «لماذا ينبغي عليَّ أن أخدم؟» هل تعتقد أنَّ سؤالنا لهذا الفصل («ما هو دافعي للخدمة؟») مختلف؟ كيف ذلك؟

## «لماذا» مقابل «كيف»

عندما نظرنا إلى السؤال «لماذا ينبغي عليَّ أن أخدم؟» أدركنا أوَّلًا أنَّنا ملتزمون بالخدمة لأنَّنا خُلقنا للعبادة. السؤال هو دائمًا **مَن** سنخدم؟ بوصفنا أتباعًا ليسوع، يتطلَّب الإنجيل طاعتنا في خدمة الله والآخرين. الخدمة ضروريَّة لكي تكون تلميذًا ليسوع.

على الرغم من ذلك، السؤال «ما هو دافعي للخدمة؟» قد يصل بنا إلى شيء مختلف قليلًا. نعم، إنَّ الدافع هو سبب قيامنا بما نقوم به، ولكنَّه يحتوي أيضًا على تلميح عن كيفيَّة القيام بذلك. الدافع هو ما يحدث في قلوبنا. فما الذي يجعلنا نخدم ويبقينا نخدم الله والآخرين؟ بمعنى آخر، ما هي أسبابنا للخدمة، وهل هي أسباب جيِّدة؟ وكيف لنا أن نخدم؟

## الخدمة - الحياة الضعيفة؟

فقط لنُبقي الأمر واضحًا، إليك تذكير من الكتاب المُقدَّس لما تبدو عليه الخدمة:

**«ذَكِّرْهُمْ أَنْ يَخْضَعُوا لِلرِّيَاسَاتِ وَٱلسَّلَاطِينِ، وَيُطِيعُوا، وَيَكُونُوا مُسْتَعِدِّينَ لِكُلِّ عَمَلٍ صَالِحٍ، وَلَا يَطْعَنُوا فِي أَحَدٍ، وَيَكُونُوا غَيْرَ مُخَاصِمِينَ، حُلَمَاءَ، مُظْهِرِينَ كُلَّ وَدَاعَةٍ لِجَمِيعِ ٱلنَّاسِ».**
(تيطس ٣: ١-٢)

## جيمس

ماذا؟ هذا يبدو غبيًّا! ما مدى واقعيَّة ذلك؟ لا أعتقد أنَّني أستطيع أن أعيش هكذا. ماذا عن الناس الذين يسيئون لي أو لعائلتي على الفيس بوك؟ هل من المفترض أن أتركهم ببساطة؟

## تَوَقَّف

ماذا تعتقد؟ في ضوء هذه الآية، كيف يجب أن يتعامل جيمس مع الإساءة على فيس بوك؟ أو من أيِّ شخص آخر بهذا الشأن؟

ما الذي من شأنه أن يجعل شخصًا ما يعيش بهذه الطريقة؟ نعلم جميعًا أنَّ هذا النوع من الحياة يتعارض تمامًا مع ما يأتي تلقائيًّا من داخلنا. في عالمنا، لكي تكون «الأفضل» عليك أن تؤكِّد قوَّتك، لا أن تخضع للآخرين. عليك أن تأخذ زمام المبادرة، لا أن تطيع الآخرين. في عالمنا، عليك أن تكون عدوانيًّا وليس لطيفًا. أنت تستخدم الكلمات للحصول على ما تريد، لتنتهي المنافسة! إذا «أظهرتَ اللطف لجميع الناس»، فسوف تُداس من كلِّ الناس، أليس كذلك؟ هذا يبدو نوعًا ما من الضعف.

**لماذا يحاول أيُّ شخص أن يعيش بهذه الطريقة؟**

إليكم حقيقة الأمر: إنَّ كلَّ وصيَّة في الكتاب المُقدَّس قائمة لأنَّ الله يأمُرنا ويرشدنا لنصبح أكثر شبهًا بيسوع – الإنسان الحقيقيُّ والكامل. الهدف من التقوى هو أن يتوافق سلوكنا أكثر من أيِّ وقت مضى مع الحقيقة المجيدة لاتِّحادنا التامِّ والمكتمل بالمسيح. ليس من الجيِّد أن نطلق على شخص يتَّبع هذه الوصايا بأنَّه هَشٌّ وضعيف ما لم نكن مُستعدين أن نطلق على يسوع أنَّه ضعيف. إذا كنَّا نتخيَّل كيف يبدو أن نعيش بالطريقة التي في تيطس ٣: ١– ٢، فعلينا إذًا أن نتخيَّل يسوع.

يسوع، الذي علَّم تلاميذه أن يديروا الخدَّ الآخر، قد قلب أيضًا موائدَ التجَّار لأنَّهم كانوا يحوِّلون بيت أبيه إلى بيتٍ للتجارة.

يسوع، الذي رحَّب بالخطاة ليتبعوه، قال أيضًا كلمات إدانة شديدة للفرِّيسيِّين المنافقين.

كان يسوع المثال الأسمى للتواضع والخدمة الباذلة.

وذلك لأنَّ يسوع، كما رأينا بالفعل، هو ملك لملكوتٍ مختلف تمامًا. في ملكوته، فإنَّ العبيد شجعان لا يهابون شيئًا، والمتواضعين أقوياء، واللطفاء جريئون. في عالمنا المليء بالفوضى، لا تسير عادةً هذه الأشياء معًا، لكنَّ رجال ونساء الملك يدافعون عن العدل حتَّى وهم يسجدون لخدمة الآخرين. إنَّها صورة جميلة.

## الدافع الصحيح

لماذا طُلب من هؤلاء المؤمنين أن يعيشوا ويخدموا الآخرين بهذه الطريقة الرؤوفة والخاضعة والمطيعة واللطيفة بشكلٍ جذري؟ هل كان ذلك لأنَّهم، بصفتهم أعضاءً في دين جديد، كانوا بحاجة إلى ترك انطباع جيِّد؟ أو ربَّما احتاجوا إلى تجنُّب أن تتم ملاحظتهم حتَّى لا يتعرَّضوا للاضطهاد أو الاستشهاد؟ هل كانت النصيحة هي لمجرَّد البقاء على الأرض بأقلِّ قدر من المتاعب؟

كلَّا.

في المقام الأوَّل، لم يتجنَّبوا المتاعب والاضطهاد والاستشهاد، بل تحمَّل المسيحيُّون الأوائل (والمسيحيُّون في جميع أنحاء العالم اليوم) الألمَ ووجدوا الرجاء في المسيح.

لكن بالعودة إلى تيطس ٣، فإليك سببَ دعوتهم للعيش في تواضع ووداعة:

**«لِأَنَّنَا كُنَّا نَحْنُ أَيْضًا قَبْلًا أَغْبِيَاءَ، غَيْرَ طَائِعِينَ، ضَالِّينَ، مُسْتَعْبَدِينَ لِشَهَوَاتٍ وَلَذَّاتٍ مُخْتَلِفَةٍ، عَائِشِينَ فِي ٱلْخُبْثِ وَٱلْحَسَدِ، مَمْقُوتِينَ، مُبْغِضِينَ بَعْضُنَا بَعْضًا».**

بعبارة أخرى، نحن لا نجرؤ على الحطِّ من قَدْر الآخرين لأنَّنا كنَّا في مكانهم الحاليِّ نفسه. ولكن هنا حيث يتغيَّر كلُّ شيء:

**«وَلَكِنْ حِينَ ظَهَرَ لُطْفُ مُخَلِّصِنَا ٱللهِ وَإِحْسَانُهُ - لَا بِأَعْمَالٍ فِي بِرٍّ عَمِلْنَاهَا نَحْنُ، بَلْ بِمُقْتَضَى رَحْمَتِهِ - خَلَّصَنَا بِغُسْلِ ٱلْمِيلَادِ ٱلثَّانِي**

**وَتَجْدِيدِ ٱلرُّوحِ ٱلْقُدُسِ، ٱلَّذِي سَكَبَهُ بِغِنًى عَلَيْنَا بِيَسُوعَ ٱلْمَسِيحِ مُخَلِّصِنَا. حَتَّى إِذَا تَبَرَّرْنَا بِنِعْمَتِهِ، نَصِيرُ وَرَثَةً حَسَبَ رَجَاءِ ٱلْحَيَاةِ ٱلْأَبَدِيَّةِ».** (تيطس ٣: ٤–٧)

لقد انتُشِلنا من بؤرة الكراهيَّة والحَسد والأنانيَّة والغباء بسبب لطف الله مخلِّصنا المُحِبّ. والآن، بعد أن أُعطينا الحياة الجديدة والتجديد بالروح القدس، فقد تم تبريرنا و – اسمع هذا – نحن الآن ورثة على رجاء الحياة الأبديَّة! وبعد أن كنَّا عبيدًا بائسين للخطيَّة واليأس انتقلتْ مكانتنا من أدنى مستوى إلى علوٍّ لا يوصف!

**نحن أبناء الملك الوحيد، مُترجِّين الحياة الأبديَّة في المجد.**

هذه قصَّتنا. ليس لأنَّنا ربحناها بمجهودنا، ولكن نلناها بنعمة الآب لنا – متاحة مجَّانًا من خلال موت يسوع وقيامته.

أفضل دافع لدينا للخدمة هو التذكُّر عن قصد واضح للنعمة التي تلقَّيناها. كما قال أحد الكتَّاب المسيحيِّين: «يَعْلم يسوع أنَّه ما لم يتواضع هؤلاء الرجال الفخورون لنيل النعمة، فلن يتمكَّنوا أبدًا من منح النعمة بالطريقة التي خدمهم بها يسوع. الخطاة المتكبِّرون الذين لا يستطيعون تلقِّي النعمة بوصفها هبة من الله على الأرجح لن يقدِّموها. **لا يمكنك أن تخدم الخطاة الآخرين إذا لم تقبل خدمة يسوع من أجلك.** لا توجد طريقة بها تكون للمهمَّة».[1]

1 Paul David Tripp and Timothy S. Lane, *Relationships: A Mess Worth Making*, New Growth Press, 2008, p. 126.

## دوافع مراوغة

هنـاك الكثيـر مـن الدوافـع المراوغـة للخدمـة. لكـي نكـون حرصيـن ومُسـتعدِّين، إليـك عـددٌ قليـل منهـا:

- إرضاء الناس؛ نخدم حتَّى يسعد الآخرون بنا.
- إرضـاء النفـس؛ نخـدم حتَّـى نشـعر بالرضـا عـن أنفسـنا.
- الرغبـة فـي أن نكـون موضـع احتيـاج مـن الآخريـن؛ نخـدم لأنَّنـا نريـد أن نشـعر بالأهميَّـة.
- الرغبـة فـي أن نكـون موضـع تقديـر؛ لأنَّنـا نريـد أن نشعر بالتقدير.

فـي النهايـة، كلُّ هـؤلاء ينحـدرون إلـى الخـلاص الذاتي. نحـن مدفوعون للخدمـة لأنَّنـا بطريقـة مـا نحـاول أن نجعـل أنفسـنا علـى حـقٍّ مـع الله بـدلًا مـن الإيمـان بكلمتـه والثقـة بعملـه. لكـنَّ هـذا العـبء كبيـر جـدًّا بالنسـبة لنـا. سـوف يسـحقنا ويسـحق محاولاتنـا للخدمـة.

## مدفوعون بالفرح

يـروي فيلـم «**عربـات النـار**» (*Chariots of Fire*) لعـام ١٩٨١ قصَّـة العدَّاء الأولمبـيِّ الاسـكتلنديِّ إريـك ليـدل (Eric Liddell). فـي الفيلـم، يقول ليـدل: «عندمـا أركـض، أشـعر بسـرور الله». هنـاك فـرح فـي اسـتخدام

مواهبنا لمجد الله، ونزدهر عندما نرتقي إلى ما نحن مدعوُّون إليه – خدَّام الله المُثلَّث الأقانيم.

لكنَّ هذا لا يجعل الأمر يبدو كما لو كان «كلُّ شيء يدور حولنا». نريد أن نكون مَن خلقنا الله لنكون حتَّى نمجِّده، لأنَّ هذا هو السبب في النهاية من خلقنا. إنَّه الشخص الذي يستحقُّ التصفيق وليس نحن. وفي ذلك، نحن راضون للغاية.

## ٥ توضيح

تخيَّل فريق كرة قدم مكوَّن من لاعبين جيِّدين، لكنَّه لا يدرك أبدًا إمكاناته الكاملة. إنَّه دائمًا أقلُّ من مجموع أجزائه. على الورق، يمكن للفريق أن يغلب أيَّ فريق آخر. هناك الكثير من الوعود، لكنَّها لم تتحقَّق أبدًا؛ حتَّى يتولَّى مدير جديد المسؤوليَّة، الذي، بطريقةٍ ما، يجعل اللاعبين يلعبون من أجل بعضهم البعض ومن أجل الفريق. يبدأون في الفوز، حتَّى أنَّهم يركضون قليلًا. لدهشة الجميع، انتهى بهم الأمر بالفوز بالدوريِّ.

الآن، من برأيك سيُحمَل في أرجاء الملعب على أكتاف اللاعبين؟ وهل تعتقد أنَّ أيًّا من هؤلاء اللاعبين سيستاء من المديح الذي مُنح للمدير؟ بالطبع لا! إنَّهم أعلم أنَّهم بدونه، كانوا سيستمرُّون في كونهم مجموعة من اللاعبين الذين يبالغون في تقدير أنفسهم، ومع ذلك لا يُحقِّقون شيئًا.

هذا هو الحال معنا. عندما نصل إلى السماء، لن نتلقَّى تشجيعًا على ما قمنا به من عمل رائع. ولكن هناك، لن يخطر على بالنا

أن ننتظر مثل هذا التشجيع. سنكون مشغولين للغاية في التصفيق ليسوع لأنَّنا سنعرف أنَّ كلَّ هذا بسببه.

لا يتعيَّن على الناس أن يروا ما تفعله حتَّى يُحسب أمام الله. في الواقع، العكس هو الصحيح. لا يهمُّ حقًّا إذا لاحظ أيُّ شخص. يمكن أن يكون الأمر بسيطًا مثل الابتسام لصديق وحيد في الكنيسة، أو إحضار علبة من البسكويت للرجل الذي يتعافى من الجراحة، أو جزّ العُشب لجارٍ مسنٍّ، أو الذهاب للتسوُّق لعائلة قد أنجبت طفلها للتوِّ. كلُّ خدمة تمجِّد الله.

لذا، سواء كنت تخدم خلف الكواليس أو على خشبة المسرح – أيًّا كان، أينما كان، دع مفهوم «لكنَّ الله» يكون دافعك المعزِّز لك:

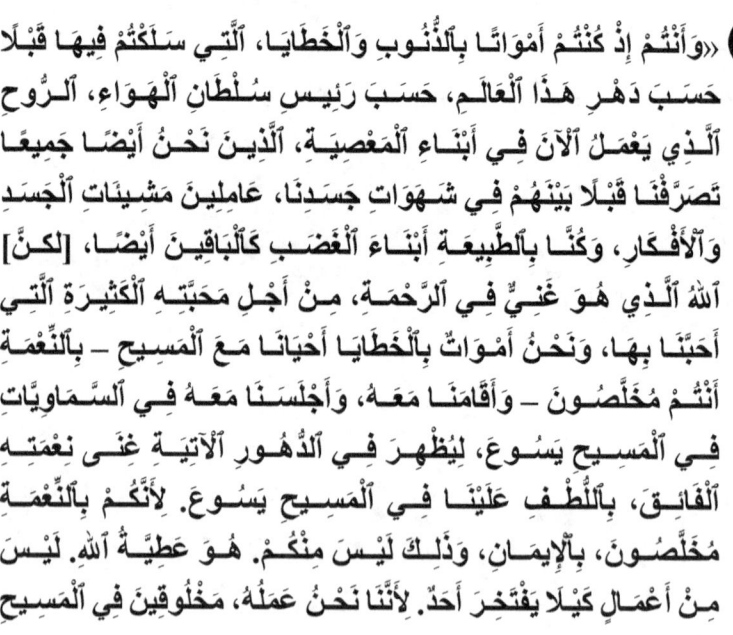

**«وَأَنْتُمْ إِذْ كُنْتُمْ أَمْوَاتًا بِٱلذُّنُوبِ وَٱلْخَطَايَا، ٱلَّتِي سَلَكْتُمْ فِيهَا قَبْلًا حَسَبَ دَهْرِ هَذَا ٱلْعَالَمِ، حَسَبَ رَئِيسِ سُلْطَانِ ٱلْهَوَاءِ، ٱلرُّوحِ ٱلَّذِي يَعْمَلُ ٱلْآنَ فِي أَبْنَاءِ ٱلْمَعْصِيَةِ، ٱلَّذِينَ نَحْنُ أَيْضًا جَمِيعًا تَصَرَّفْنَا قَبْلًا بَيْنَهُمْ فِي شَهَوَاتِ جَسَدِنَا، عَامِلِينَ مَشِيئَاتِ ٱلْجَسَدِ وَٱلْأَفْكَارِ، وَكُنَّا بِٱلطَّبِيعَةِ أَبْنَاءَ ٱلْغَضَبِ كَٱلْبَاقِينَ أَيْضًا، [لكنَّ] ٱللهُ ٱلَّذِي هُوَ غَنِيٌّ فِي ٱلرَّحْمَةِ، مِنْ أَجْلِ مَحَبَّتِهِ ٱلْكَثِيرَةِ ٱلَّتِي أَحَبَّنَا بِهَا، وَنَحْنُ أَمْوَاتٌ بِٱلْخَطَايَا أَحْيَانَا مَعَ ٱلْمَسِيحِ – بِٱلنِّعْمَةِ أَنْتُمْ مُخَلَّصُونَ – وَأَقَامَنَا مَعَهُ، وَأَجْلَسَنَا مَعَهُ فِي ٱلسَّمَاوِيَّاتِ فِي ٱلْمَسِيحِ يَسُوعَ، لِيُظْهِرَ فِي ٱلدُّهُورِ ٱلْآتِيَةِ غِنَى نِعْمَتِهِ ٱلْفَائِقَ، بِٱللُّطْفِ عَلَيْنَا فِي ٱلْمَسِيحِ يَسُوعَ. لِأَنَّكُمْ بِٱلنِّعْمَةِ مُخَلَّصُونَ، بِٱلْإِيمَانِ، وَذَلِكَ لَيْسَ مِنْكُمْ. هُوَ عَطِيَّةُ ٱللهِ. لَيْسَ مِنْ أَعْمَالٍ كَيْلَا يَفْتَخِرَ أَحَدٌ. لِأَنَّنَا نَحْنُ عَمَلُهُ، مَخْلُوقِينَ فِي ٱلْمَسِيحِ**

**يَسُوعَ لِأَعْمَالٍ صَالِحَةٍ، قَدْ سَبَقَ ٱللهُ فَأَعَدَّهَا لِكَيْ نَسْلُكَ فِيهَا»**. (أفسس ٢: ١-١٠)

## آيات للحفظ

«**لِأَنَّكُمْ بِٱلنِّعْمَةِ مُخَلَّصُونَ، بِٱلْإِيمَانِ، وَذَلِكَ لَيْسَ مِنْكُمْ. هُوَ عَطِيَّةُ ٱللهِ**». (أفسس ٢: ٨)

## مُلخَّص

يجب أن يكون دافعنا الأساسيُّ للخدمة هو أنَّنا قد تمتَّعنا بمن يخدمنا. لقد خلصنا؛ ليس بسبب أعمالنا، بل برحمة الله مخلِّصنا، التي انسكبت بغنى علينا بواسطة يسوع. وأيُّ دافع آخر سيكون مدفوعًا برغبتنا في خلاص أنفسنا، ولن يدعمنا في العمل الجاد لخدمة الله والآخرين. الإنجيلُ وحده هو الذي يمنحنا القوَّة والرجاء والفرحَ والحافز الدائم للخدمة.

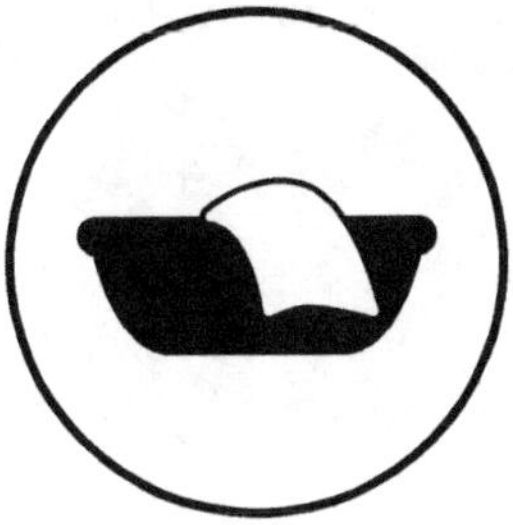

## ما المقصود؟

يُعطي الروحُ
القدس المواهب
الروحيَّة لكلِّ
مؤمن لبناء
الكنيسة.

# ٧- ما هي المواهبُ الروحيَّة؟

## مُلخَّص لما تعلَّمناه

لقد فكَّرنا في:

- استخدام الله للضعيف لأنَّه هو البطل؛
- كوننا مخلوقين للخدمة؛
- أن كلَّ ما لدينا هو من عند الله ولأجل لله؛
- دعوتنا أن نكون خدَّامًا للجميع؛
- أن نتجاوز متلازمة «لا يهمَّني الأمر» الخاطئة؛
- دافعنا للخدمة.

سوف نفكِّر الآن في شيء ربَّما تكون قد سمعتَ أشخاصًا في مجتمعك المسيحيِّ يتحدَّثون عنه: المواهب الروحيَّة. ما هي هذه الأشياء التي تبدو غامضة؟

## جيمس

زار جيمس مؤخَّرًا الكنيسة الخمسينيَّة لصديقه وعاد وفي جعبته الكثير من الأسئلة. لماذا لا تبدو خدماتنا مثل خدماتهم؟ لماذا لا نعبد الله كما يعبدون الله؟ يريد أن يعرف ما هو رأيك في مواهب الروح القدس وما إذا كان لديه أيٌّ منها.

## هل يُعْقَل؟

إذا كنتَ تتجوَّل حول المسيحيِّين لفترة من الوقت، فمن شبه المؤكَّد أنَّك سمعتَ أشخاصًا يتحدَّثون عن «المواهب الروحيَّة». ربَّما سمعتَ أشياء مثل: «إنَّها حقًّا لديها موهبة التشجيع!» أو «لستُ متأكِّدًا أنَّني موهوب بهذه الطريقة». ربَّما سمعتَ عن مواهب مثل التكلُّم بألسنة أو الشفاء أو النبوَّة أو كلام علم.

إذًا ما هي المواهب الروحيَّة؟ هل هذا نوع من الشعوذة الغريبة؟ كم يوجد منها؟ هل هذه عطايا نقدِّمها أم عطايا نحصل عليها؟ وكيف نحصل عليها؟

في البداية، نحتاج أن نكون منفتحين بشأن حقيقة أنَّ هذا – ولا سيَّما ما يعنيه لنا اليوم – هو مجالُ جدلٍ بين المسيحيِّين. لذلك، سنحاول أن نجعل الأمر بسيطًا، ونبحر بأفضل ما نستطيع في بعض المياه المتقطِّعة مع بعض الصخور تحت السطح مباشرةً!

## ما هي المواهبُ الروحيَّة؟

فيما يلي بعضُ التعريفات. تحقَّق في أثناء القراءة ممَّا إذا كان يمكنك اختيار بعض الأشياء المشتركة بينها:

**«الموهبة الروحيَّة هي أيَّة قدرة يعزِّزها الروح القدس وتُستخدم في أيَّة خدمة للكنيسة».**[1]

**«يجهِّز الله الناس ويمكِّنهم من الخدمة داخل الكنيسة، التي هي جسد المسيح».**[2]

**«المواهب الروحيَّة هي أداة أساسيَّة وتأسيسيَّة في عمليَّة التقديس، في بناء بعضنا لبعضٍ في معرفة ومحبَّة يسوع المسيح».**[3]

### تَوَقَّف

ما الذي يربط كلًّا من هذه التعريفات؟

أوَّلًا، يشير كلُّ تعريف إلى أنَّ **هذه الهبات مُعطاة، إنها هبات من الله.**

هذا منطقيٌّ، أليس كذلك؟ الهبات الروحيَّة لا علاقة لها بـ «الروحانيَّة» الخياليَّة أو الغامضة أو السرِّيَّة. نعم، بالطبع، قد تبدو المواهب الروحيَّة صعبة بعض الشيء لأنَّنا لا نستطيع أبدًا أن نفهم

1 Wayne Grudem, *Systematic Theology: An Introduction to Biblical Doctrine*, InterVarsity Press, 1994, p. 1016.

2 Vern S. Poythress, *What are the Spiritual Gifts?* P&R Publishing, 2010, p. 5.

3 Sam Storms, from interview on the Desiring God website: http:// desiringgod.org/interviews/spiritual–gifts accessed 18th August, 2017.

الله تمامًا وكيف يعمل. لكن المواهب الروحيَّة هي كذلك لأنَّها تُمنَح من الروح القدس، الأقنوم الثالث من الثالوث الأقدس.

ثانيًا – وهذه هي النقطة التي أريد أن أركِّز عليها حقًّا – **تنظر التعاريف الثلاثة جميعها إلى المواهب الروحيَّة في سياق الكنيسة،** جسد المسيح.

هذا ضروريٌّ لفهمنا للمواهب الروحيَّة: فهي ليستْ فرديَّة.

**هي لم تُمْنَح لي ولي وحدي.**

لم تُمْنَح لزيادة مكانتي وجعلي أكثر أهميَّة. إنَّها ليستْ في الأساس لتعميق مسيرتي مع الربِّ (رغم أنَّها تفعل ذلك بالتأكيد).

بالأحرى، المواهب الروحيَّة هي **للجسد**. إنَّ سعادتي المتزايدة بيسوع، من خلال الهبات التي يمنحها الروح، هي من أجل تشجيع ومساعدة إخوتي وأخواتي على النموِّ في **فرحهم** بيسوع.

## لتكن دَعمًا لك

دعونا نتراجع بضع خطوات إلى الوراء لنرى بعضًا من عمل الروح القدس في الكتاب المُقدَّس؛ والذي هو، بعد كلِّ شيء، سلطتنا النهائيَّة للأشياء التي نؤمن بها وكيف نتصرَّف.

سنركِّز على يسوع.

يسوع هو الله. الكتاب المُقدَّس واضح جدًّا في أنَّه، بصفته الابن، هو الله تمامًا مثلما الآب هو الله. إنَّه الله الكامل والإنسان الكامل.

ولكنَّ المثير للاهتمام حقًّا هو مدى أهميَّة وضرورة الروح القدس في حياته منذ البداية.

كانت مريم، والدة يسوع، عذراء عندما حبلت. قيل لنا ذلك: «**قَبْلَ أَنْ يَجْتَمِعَا [أي مريم ويوسف]، وُجِدَتْ حُبْلَى مِنَ ٱلرُّوحِ ٱلْقُدُسِ**».[٤]

كان الروح القدس عاملًا ضروريًّا بالنسبة لله الابن ليصبح يسوع الناصريَّ.

لكن لم يختفِ الروح القدس بعد ذلك. بعد حوالي ثلاثين عامًا، كان يسوع على وَشْك أن يبدأ خدمته العامَّة، ويذهب إلى نهر الأردن ليعتمد على يد ابن خالته يوحنَّا.

**كانت المعموديَّة طريقة دراماتيكيَّة لإظهار أنَّك تنتمي إلى شعب الله، وتتضمَّن أن تكون مغمورًا أو مُغطَّسًا في الماء.**

لكن عندما يعتمد يسوع، يحدث شيء آخر. انظر كيف يصفه مرقس لنا:

«**وَفِي تِلْكَ ٱلْأَيَّامِ جَاءَ يَسُوعُ مِنْ نَاصِرَةِ ٱلْجَلِيلِ وَٱعْتَمَدَ مِنْ يُوحَنَّا فِي ٱلْأُرْدُنِّ. وَلِلْوَقْتِ وَهُوَ صَاعِدٌ مِنَ ٱلْمَاءِ رَأَى ٱلسَّمَاوَاتِ قَدِ ٱنْشَقَّتْ، وَٱلرُّوحَ مِثْلَ حَمَامَةٍ نَازِلًا عَلَيْهِ. وَكَانَ صَوْتٌ مِنَ ٱلسَّمَاوَاتِ: «أَنْتَ ٱبْنِي ٱلْحَبِيبُ ٱلَّذِي بِهِ سُرِرْتُ». وَلِلْوَقْتِ أَخْرَجَهُ ٱلرُّوحُ إِلَى ٱلْبَرِّيَّةِ، وَكَانَ هُنَاكَ فِي ٱلْبَرِّيَّةِ أَرْبَعِينَ يَوْمًا يُجَرَّبُ مِنَ ٱلشَّيْطَانِ**». (مرقس ١: ٩–١٣)

٤ متى ١: ١٨.

نكتشف أنَّ خدمة يسوع تتضمَّن:

تعليمًا،

خدمة،

شفاءً،

إطعام،

تسليمًا،

غفرانًا،

وإعطاء حياة.

ولكن، كما هو الحال مع ابن الله، فإنَّ الروح القدس هو الذي يعضده ويمكِّنه من القيام بكلِّ هذه الأشياء. وكلُّ ما فعله، فقد فعله بقوَّة الروح القدس.

ثُمَّ كلَّف يسوع أتباعه بمواصلة خدمته وإرساليَّته. فأرسلهم إلى العالم كلِّه ليعملوا بمثابة سفراء مُعلنين أمجاد الملكوت الجديد الذي بدأه. لكن لا يمكنهم فقط حزم حقائبهم والمغادرة للعمل. ولا عجب في أنَّهم أيضًا بحاجة إلى الروح القدس:

**«لِأَنَّ يُوحَنَّا عَمَّدَ بِٱلْمَاءِ، وَأَمَّا أَنْتُمْ فَسَتَتَعَمَّدُونَ بِٱلرُّوحِ ٱلْقُدُسِ، لَيْسَ بَعْدَ هَذِهِ ٱلْأَيَّامِ بِكَثِيرٍ». أَمَّا هُمُ ٱلْمُجْتَمِعُونَ فَسَأَلُوهُ قَائِلِينَ: «يَارَبُّ، هَلْ فِي هَذَا ٱلْوَقْتِ تَرُدُّ ٱلْمُلْكَ إِلَى إِسْرَائِيلَ؟». فَقَالَ لَهُمْ: «لَيْسَ لَكُمْ أَنْ تَعْرِفُوا ٱلْأَزْمِنَةَ وَٱلْأَوْقَاتَ ٱلَّتِي جَعَلَهَا ٱلْآبُ**

**فِي سُلْطَانِهِ، لَكِنَّكُمْ سَتَنَالُونَ قُوَّةً مَتَى حَلَّ ٱلرُّوحُ ٱلْقُدُسُ عَلَيْكُمْ، وَتَكُونُونَ لِي شُهُودًا فِي أُورُشَلِيمَ وَفِي كُلِّ ٱلْيَهُودِيَّةِ وَٱلسَّامِرَةِ وَإِلَى أَقْصَى ٱلْأَرْضِ»».** (أعمال الرسل ١: ٥-٨)

إذا احتاج يسوع إلى الروح، فكم بالحريِّ أتباعه!

## مواهبُ الروح القدس

لنكن واضحين بشأن هذا: **يصبح الجميع مسيحيًّا فقط من خلال عمل الروح القدس.**

يمنحنا الروح القدس الرغبة والقدرة على سماع الخبر السارّ وفهمه.

يُبكّتنا الروح القدس على خطايانا ويظهر لنا حاجتنا إلى مخلِّص.

يمنحنا الروح القدس الرغبة في إرضاء الربِّ لنصبح أكثر شبهًا بالمسيح.

الروح القدس هو الذي يغيِّرنا.

والروح القدس هو من يجهِّزنا.

ينطبق كلُّ هذا على كلِّ مسيحيٍّ. لا توجد فئات مختلفة من المسيحيِّين، أولئك الذين لديهم الروح ومن ليس لديهم. ولا يمكنك الحصول على «جزء» من الروح. كلُّ مسيحيٍّ ممتلئ بالروح وموهوب لخدمة الكنيسة بشكلٍ خاصٍّ والعالم بشكلٍ عامٍّ بطريقةٍ ما أو بشكلٍ ما.

لذا، دعونا نلقي نظرة على المواهب المذكورة في العهد الجديد:

- رسول، نبي، مُعلِّم، قوَّات، مواهب شفاء، أعوان، تدبير، ألسنة (١ كورنثوس ١٢: ٢٨).
- كلام حكمة، كلام علم، إيمان، مواهب شفاء، عمل قوَّات، نبوَّة، تمييز أرواح، ألسنة، ترجمة ألسنة (١ كورنثوس ١٢: ٨–١٠).
- رسول، نبي، مبشِّر، راعي، معلِّم (أفسس ٤: ١١).
- نبوَّة، خدمة، تعليم، وعظ، عطاء، تدبير، رحمة (رومية ١٢: ٦–٨).
- كلام، خدمة (١ بطرس ٤: ١١).

مرَّة أخرى، لاحظ أنَّ هذه **هبات** من الروح القدس. نحن لا نقتنيها. إنَّها ليست جوائز لحسن السلوك، ولا إنجازات. لذلك لا مجال للفخر. حتَّى الإيمان نفسه عطيَّة، وليس شيئًا نحقِّقه:

«**لِأَنَّكُمْ بِٱلنِّعْمَةِ مُخَلَّصُونَ، بِٱلْإِيمَانِ، وَذَٰلِكَ لَيْسَ مِنْكُمْ. هُوَ عَطِيَّةُ ٱللهِ. لَيْسَ مِنْ أَعْمَالٍ كَيْلَا يَفْتَخِرَ أَحَدٌ**». (أفسس ٢: ٨–٩)

لاحظ أيضًا أنَّ هذه ليست قائمة كاملة. على أحد المستويات، فإنَّ الموهبة الروحيَّة ليست أكثر ولا أقلَّ من أيَّة قدرة لدينا نضعها في خدمة الله. فبيتي هبة من الله أنا مدعوٌّ لاستخدامها تحت تصرُّف الربِّ. الزواج والعزوبيَّة عطايا من الله يجب أن نستخدمها لمجد الله وخير الآخرين.

لكن يمكننا – ويجب علينا – أن نرمي الشبكة على نطاق أوسع. التحدِّي الذي يواجه رونالدو أو ميسِّي، إذا كانا مسيحيَّين، سيكون كيف يستخدمان مواهبهما الهائلة بصفتهما لاعبي كرة قدم من أجل مجد الله وخدمة الآخرين.

## حسنًا، لكن ماذا عن...؟

هذا هو كلُّ شيء بشكلٍ جيِّد. لكن ربَّما لاحظت، حتَّى الآن، أنَّني تجنَّبت التحدُّث عن المواهب التي قد تكون مهتمًّا بها أكثر من غيرها: أشياء مثل التكلُّم بألسنة والنبوَّة والشفاء.

هناك سبب وجيه لذلك. هذه المواهب هي محل جدل، وأردتُ أن أؤسِّس بعض الحقائق التأسيسيَّة حول المواهب في حال وجدنا أنفسنا مشتَّتين بشكل غير مفيد بها.

لذلك، مهما كان رأيك فيما يلي، لا تنس أبدًا أنَّ جميع المسيحيِّين يتَّفقون على (١) اعتمادنا الكامل على الروح القدس، و(٢) أنَّ كلَّ خدمتنا لله هي من خلال العطايا التي أعطاها لنا. يساعدنا التعرُّف على هذه الحقائق على تجنُّب إصدار الأحكام ورفض أولئك الذين نختلف معهم.

### مذهبان مُهمَّان:

يختلف المسيحيُّون حول ما يعنيه كلُّ هذا اليوم، لذلك سنغطِّي أساسيَّات كلِّ وجهة نظر.

من أجل البساطة، هناك موقفان رئيسيَّان عندما يتعلَّق الأمر بكيفيَّة فهمنا للعديد من المواهب الروحيَّة المُدرجة في العهد الجديد. نحن نتحدَّث على وجه التحديد عن بعض أكثر المواهب الرائعة، مثل النبوَّة والألسنة وترجمة الألسنة وكلام العلم والمعجزات.

***Cessationism*** ، أي التوقُّف، هي وجهة نظر تقول إنَّ بعض هذه المواهب قد توقَّفت منذ ما قبل نهاية القرن الأوَّل، عندما انتهى العصر الرسوليُّ. عيَّنَ الله الرسل لوضع أساس الكنيسة الأولى، وخاصَّةً أولئك الذين رأوا يسوع (يعتبر بولس رسولًا لأنَّ سفر أعمال الرسل يخبرنا أنَّ يسوع ظهرَ له). يجادل هذا المذهب بأنَّ بعض أو كلَّ المواهب الروحيَّة، كما يتم تعريفها، قد توقَّفت وليست متاحة لنا اليوم.

***Continuationism***، أي الاستمراريَّة، كما قد تكون قد خمَّنت، هي الرأي القائل بأنَّ جميع المواهب الروحيَّة تستمرُّ في الكنيسة ومُتاحة للمسيحيِّين اليوم. ربَّما يكون هذا هو رأي الأكثر انتشارًا، على الرغم من وجود مجموعة واسعة من الآراء حول كيفيَّة فهمنا للمواهب الروحيَّة وكيف تعمل.

## تَوَقَّف

ما رأيك في هذين الرأيين؟ ما هي نقاط القوَّة والضعف في كلّ رأي؟

ولكن حتَّى بعيدًا عن هذين الرأيين، لا يزال هناك المزيد لنقوله. على سبيل المثال، يمكننا القول إنَّ النبوَّة موجودة، لكن هل

نعرف ما هي النبوَّة؟ لدينا بعض الإرشادات العامَّة في كورنثوس الأولى ١٤، ولكن كيف يساعدنا ذلك في التوصُّل إلى تعريف؟ هل الحصول على «موهبة النبوَّة» يجعل المرء نبيًّا؟ أو ماذا عن الألسنة؟ هل هي لغات عاديَّة لم يتعلَّمها المتحدِّث، أم أنَّها لغاتٌ خارج هذا العالم، لغات السماء؟

هناك أيضًا أسئلة حول وجهة النظر التي تنادي بتوقُّف المواهب. إذا كانت الألسنة، كما يعتقد أتباع مذهب توقُّف المواهب عمومًا، هي لغاتٌ بشريَّة أُعطيتْ في وقت مُحدَّد لمساعدة الإنجيل في الوصول إلى فئات جديدة من الناس، فلماذا يشير بولس إلى أنَّ لديه استخدامًا خاصًّا للألسنة، يختلف عن استخدام الألسنة في جماعة المؤمنين؟[5]

هذا ليس سوى عدد قليل من الأشياء التي لا نفهمها.

أنا أطرح هذه الأسئلة ليس للإدلاء ببيان، ولكن لتوضيح مشكلة. فقط لأنَّ هذه الأسئلة موجودة لا يجعل وجهة النظر التي تنادي باستمراريَّة المواهب خاطئة. وبالمثل، لا يمكننا ببساطة أن نرفض الذين يعتقدون أن المواهب قد توقَّفت على أنَّهم متشكِّكون يقمعون الروح!

## أعظمهن المحبَّة

احتدم هذا الجدل لعدَّة قرون ولا يزال يقسم المسيحيِّين. هناك مسيحيُّون مُخلِصون على كلا الجانبين مقتنعون بشدَّة بأنَّهم يؤمنون بما يؤمنون به لأنَّ هذا ما يعلِّمه الكتاب المُقدَّس. كلاهما لا يمكن

٥ انظر ١ كورنثوس ١٤: ١٨–١٩.

أن يكون على حقّ، أليس كذلك؟ لكن كليهما قد يكون خاطئًا، على الأقلّ في تعابيرهما الأكثر تطرُّفًا.

ليس من قبيل المصادفة أنَّ الفصلين الخاصَّين بالمواهب وروحانيَّة الإنجيل في رسالة كورنثوس الأولى يضمَّان معًا الفصلَ الشهير عن المحبَّة، والذي يبدأ بهذه الكلمات: «**إِنْ كُنْتُ أَتَكَلَّمُ بِأَلْسِنَةِ ٱلنَّاسِ وَٱلْمَلَائِكَةِ وَلَكِنْ لَيْسَ لِي مَحَبَّةٌ، فَقَدْ صِرْتُ نُحَاسًا يَطِنُّ أَوْ صَنْجًا يَرِنُّ**».[٦]

من فضلك ضعْ في اعتبارك أنَّه يمكنك أن تكون من أتباع يسوع المخلصين وتتمسَّك بأيٍّ من الرأيين. يمكنك أن تأخذ الكتاب المُقدَّس على مَحْمَل الجدّ بينما تتمسَّك بأيٍّ من الرأيين. هذه ليست عقيدة أساسيَّة من الدرجة الأولى؛ من الممكن للمؤمنين الحقيقيِّين أن يكون لديهم آراءٌ مختلفة حول مواهب الروح اليوم ولا يزالون متمسِّكين بالعقائد الأساسيَّة للمسيحيَّة.

لذلك يجب أن نتعامل مع إخوتنا وأخواتنا الذين يؤمنون بشكل مختلف بتواضع ومحبَّة. دعونا نتوق لأن نحسب الآخرين أفضل من أنفسنا.[٧] فلنعقد العزم على أن نشجِّع ونتشجَّع بالإنجيل، حتَّى نتحفَّز ونُحفِّز على المحبَّة والأعمال الصالحة.

---

٦ ١ كورنثوس ١٣: ١.

٧ فيلبي ٢: ٣.

## آيات للحفظ

**«فَإِنِّـي أَقُـولُ بِٱلنِّعْمَـةِ ٱلْمُعْطَـاةِ لِـي، لِـكُلِّ مَـنْ هُـوَ بَيْنَكُـمْ: أَنْ لَا يَرْتَئِـيَ فَـوْقَ مَـا يَنْبَغِـي أَنْ يَرْتَئِـيَ».** (روميـة ١٢: ٣)

## مُلخَّص

يمنحنـا الـروحُ القـدس الإيمـانَ لنؤمـن بإنجيـل المسـيح. هـو يمكِّننـا مـن خدمـة الله وكنيسـته بواسـطة مواهـب محـدَّدة تُعطـى لـكلِّ عضـوٍ فـي جسـد المسـيح: التـي هـي المواهـبُ الروحيَّـة. نحـن نعتمـد كليًّـا علـى الـروح القـدس، وكلُّ خدمتنـا لله هـي بسـبب العطايـا التـي أعطانـا الله إيَّاهـا، لمجده هو وحده!

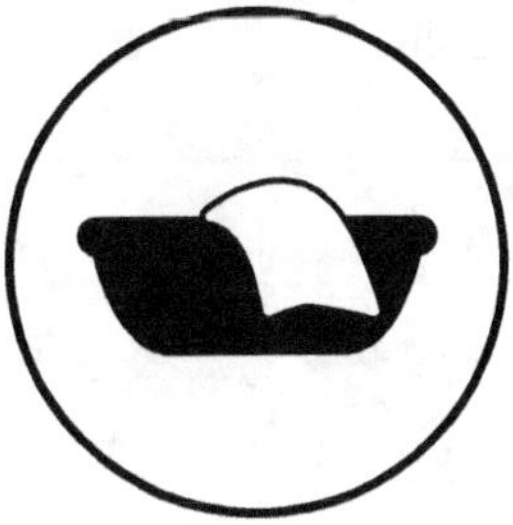

## ما المقصود؟

لتعرفَ مواهبك،

انشغلْ بالخدمة.

# ٨- كيف لي أن أعرف ما هي مواهبي؟

## مُلخَّص لما تعلَّمناه

ها نحن ندنو من نهاية استكشافنا للخدمة والتلمذة المسيحيَّة. آمل أن تكون قد استقرَّت فكرتان رئيسيَّتان في أذهانكم: ١) أنَّ الله خلقنا لنخدمه ونخدم الآخرين؛ ٢) أنَّ الله هو البطل، الخادم الأسمى الذي بذل حياته من أجلنا وهو من يعطينا القدرة في كلِّ خدماتنا. أمَّا نحن فخدَّام لا جدوى منَّا بدونه.

كنَّا قد تحدَّثنا في الفصل السابق عن المواهب الروحيَّة. وهو الأمر الذي قد يجعلك تتساءل عن مواهبك الروحيَّة؛ كيف يجهِّزك الروح القدس لخدمة جسد المسيح؟ إذا كنتَ لا تعرف، كيف تبدأ في اكتشاف ذلك؟ فهل يجب عليك معرفته؟

## جيمس

أصبح اهتمام جيمس بالغًا بالحديث عن مواهب الروح القدس. إنَّه في غاية الحرص على معرفة أيٍّ من المواهب والعطايا لديه، لذلك يأتي إليك ويسأل عمَّا إذا كان هناك بعض الاختبارات الخاصَّة التي يمكنه إجراؤها لمعرفة ذلك.

## ثقافة الاختبار

إذا كنتَ تستخدم وسائل التواصل الاجتماعيّ، فمن المُحتمل أنَّك قد نقرتَ على أحد اختبارات الشخصيَّة هذه: «أيُّ بطل خارق أنت؟» أو «ماذا يقول لونك المفضَّل عنك؟» أو حتَّى «من هو توأمك الروحي من شخصيَّات الأفلام الشهيرة؟»[1] أعلم أنَّه هُراء ... ومع ذلك فمن السهل جدًّا اللعب مع ذلك الاختبار. بعد كلّ شيء، من الذي لا يريد معرفة المزيد عن بطلهم الخارق الداخلي.

### تَوَقَّف

لماذا تظنُّ أنَّ مثل تلك الاختبارات ممتعة للغاية لنا؟ هل سبق لك أن انجذبتَ إلى واحدة منها؛ إذا كان الأمر كذلك، ما الذي كان جذّابًا فيها؟

أعتقد أنَّ ثقافة الاختبار لدينا هي مجرَّدُ تعبير آخر عن حبِّنا لذاتنا، عن نرجسيَّتنا. فنحن نروم أن نرى أنفسنا في صورة جديدة وأفضل («تقول إنَّني مثل الرجل العنكبوت!»)، ومن الناحية المثاليَّة، نعلن عن ذواتنا البرَّاقة على وسائل التواصل الاجتماعيّ لكي يُعجب بها كلُّ أصدقائنا. وهو ما يؤكِّد كلَّ ما نريد أن نفعله لنكون صادقين بشأن أنفسنا: أن نبدو متفرِّدين وأذكياء وجذَّابين وفطنين وعميقي التفكير.

الآن لا تفهموني خطأً: لقد خلق الله كلَّ واحد منَّا ليكون حاملًا لصورة فريدة؛ كلُّ شخص مصنوع من قوى فرديَّة بشكل مذهل ورائع، لقد جُبل وصُنع ليحبَّ ويخدم، ويمجِّد الله!

---

1 Seriously! http://www.zimbio.com/quiz/KOkoJPbyWBx/Famous+ Movie+Character +Soulmate accessed on 5th September, 2017.

مشكلتنا هي أنَّنا نركِّز بسرعة على أنفسنا، ونبدأ في الاعتقاد بأنَّه يجب علينا أن نفعل شيئًا لنكسب لطف الله. وما ينبغي أن يكون امتنانًا بسيطًا طفوليًّا لعطايا الله الجيِّدة، نحوِّله نحن إلى رضا عن النفس بشكل أسرع ممَّا يرتدي سوبرمان سرواله الداخليَّ فوق لباس ضيِّق.

## ليس حقًّا، إنَّ الأمر ليس عنَّا نحن!

لكن ما علاقة كلِّ هذا بالمواهب الروحيَّة؟ حسنًا، ميلنا إلى التحديق في أنفسنا لا يتوقَّف عند اختبارات الفيس بوك.

بالطبع، ليس من الأنانيَّة، في حدِّ ذاتها، الرغبة في فهم المزيد حول كيف خلقنا الله. وهي ليست رغبة سيِّئة على الإطلاق أن تريد معرفة المواهب التي منحك إيَّاها الله لخدمة كنيسته. ولكن هناك طريقة خاطئة للقيام بذلك: عندما نجعل كلَّ شيء يتمحور حولنا. أنا أعرف قلبي، وأعلم أنَّ هذا هو بالضبط ما أفعله وأكونه.

في المرَّة القادمة التي تكون فيها على حاسبك المحمول، ابحث عن «مواهب روحيَّة» من خلال جوجل وستجد الكثير من الكتب والموارد المخصَّصة لمساعدتك في العثور على مواهبك الروحيَّة. ستجد مسابقات واختبارات عبر الإنترنت واعدة لإخبارك بموهبتك الفريدة وتوجِّهك إلى عصر جديد من الخدمة القويَّة والمباركة.

### تَوَقَّف

ما هي مشكلة هذا النوع من البحث عن المواهب الروحيَّة؟

عندما نحفر بعمق لاكتشاف مواهبنا الروحيَّة، في ماذا (أو في مَن) نفكِّر؟ في الأساس، نحن نفكِّر في أنفسنا. يجب أن يكون ذلك كافيًا لإطلاق أجراس الإنذار لأنَّنا نعلم أن الله هو بطل قصَّتنا. من الجيِّد أن نتدرَّب على حقيقة أنه أيًّا يكن حول مَن يتمحور الأمر، فهو ليس متعلِّقًا بي!

دعونا نلقي نظرة على رومية ١٢: ٣–٨ مرَّة أخرى:

**«فَإِنِّي أَقُولُ بِٱلنِّعْمَةِ ٱلْمُعْطَاةِ لِي، لِكُلِّ مَنْ هُوَ بَيْنَكُمْ: أَنْ لَا يَرْتَئِيَ فَوْقَ مَا يَنْبَغِي أَنْ يَرْتَئِيَ، بَلْ يَرْتَئِيَ إِلَى ٱلتَّعَقُّلِ، كَمَا قَسَمَ ٱللهُ لِكُلِّ وَاحِدٍ مِقْدَارًا مِنَ ٱلْإِيمَانِ. فَإِنَّهُ كَمَا فِي جَسَدٍ وَاحِدٍ لَنَا أَعْضَاءٌ كَثِيرَةٌ، وَلَكِنْ لَيْسَ جَمِيعُ ٱلْأَعْضَاءِ لَهَا عَمَلٌ وَاحِدٌ، هَكَذَا نَحْنُ ٱلْكَثِيرِينَ: جَسَدٌ وَاحِدٌ فِي ٱلْمَسِيحِ، وَأَعْضَاءٌ بَعْضًا لِبَعْضٍ، كُلٌّ وَاحِدٍ لِلْآخَرِ. وَلَكِنْ لَنَا مَوَاهِبُ مُخْتَلِفَةٌ بِحَسَبِ ٱلنِّعْمَةِ ٱلْمُعْطَاةِ لَنَا: أَنُبُوَّةٌ فَبِٱلنِّسْبَةِ إِلَى ٱلْإِيمَانِ، أَمْ خِدْمَةٌ فَفِي ٱلْخِدْمَةِ، أَمِ ٱلْمُعَلِّمُ فَفِي ٱلتَّعْلِيمِ، أَمِ ٱلْوَاعِظُ فَفِي ٱلْوَعْظِ، ٱلْمُعْطِي فَبِسَخَاءٍ، ٱلْمُدَبِّرُ فَبِٱجْتِهَادٍ، ٱلرَّاحِمُ فَبِسُرُورٍ».**

من المثير للاهتمام، في الآية ٦، أنَّ بولس يفترض أنَّ المؤمنين سيعرفون ما هي مواهبهم الروحيَّة. وهو يقول لهم ببساطة أن يستخدموا كلَّ ما لديهم من مواهب بطريقة مناسبة.

عندما يكتب الرسول بطرس عن المواهب للمسيحيِّين المنتشرين حول ما يُعرف الآن بتركيا، فإنَّه يخبرهم ببساطة عن كيفيَّة استخدام مواهبهم، لكنَّه لا يرى ضرورة لتشجيعهم على اكتشاف ماهيَّتها:

**«لِيَكُنْ كُلُّ وَاحِدٍ بِحَسَبِ مَا أَخَذَ مَوْهِبَةً، يَخْدِمُ بِهَا بَعْضُكُمْ بَعْضًا، كَوُكَلَاءَ صَالِحِينَ عَلَى نِعْمَةِ ٱللهِ ٱلْمُتَنَوِّعَةِ»** (١ بطرس ٤: ١٠).

قد يبدو الأمر كما لو أنَّ بولس وبطرس تخطَّيا خطوة. كيف يمكن لهؤلاء المؤمنين استخدام مواهبهم دون معرفة ما هي تلك المواهب؟

### جيمس

إنَّني مرتبك. كيف لي أن أعرف ما هي موهبتي الروحيَّة؟

### تَوَقَّف

كيف نساعد جيمس في الإجابة عن هذا السؤال بطريقة كتابيَّة ومفيدة؟

## ما الذي يأتي أوَّلًا؟

يثير هذا سؤالًا: هل نحتاج إلى اكتشاف مواهبنا لنخدم بها، أم نحتاج إلى الخدمة لاكتشاف مواهبنا؟

يكتب جون بايبر أنَّ مشكلتنا الرئيسيَّة، إلى جانب عدم معرفة مواهبنا، هي أنَّنا لا نهتمُّ حقًّا بالهدف ذاته الذي من أجله توهب المواهب، وهو بناء الآخرين:

«أعتقد حقًّا أنَّ مشكلة عدم معرفة مواهبنا الروحيَّة ليست مشكلة أساسيَّة. الأمر الأكثر أساسيَّة هو مشكلة عدم الرغبة كثيرًا في تقوية إيمان الآخرين».[٢]

2 John Piper, http://www.desiringgod.org/messages/spiritual–gifts, accessed on 1st September, 2017.

الجواب عن السؤال «ما الذي يأتي أوَّلًا» هو «لا هذا ولا ذاك»! الهدف من كلِّ عملنا هو أن نحبَّ الربَّ وأن نحبَّ شعبه. النيَّة الأساسيَّة لأيَّة خدمة مدعومة بالروح هي تقوية إيمان إخوتنا وأخواتنا.

إنَّ هذا يبرز حقيقة الخدمة، أليس كذلك؟

بدلًا من السؤال عن مواهبنا، إليك سؤال أفضل: «كيف يمكنني خدمة كنيستي المحليَّة؟»

بدلًا من السؤال عن ماهيَّة مواهبنا، يجب أن نسأل: «كيف يمكنني تقوية وتشجيع من حولي اليوم؟ كيف يمكنني مساعدة الآخرين على التمتُّع بيسوع، والنموِّ في النعمة ومعرفة المخلِّص؟»

هذا هو معنى استخدام مواهب الروح في بناء الكنيسة.

## تَوَقَّف

كيف يمكنك الاستمرار في تقوية إيمان من حولك؟ فكِّرْ في بعض الأشخاص المحدَّدين وتوصَّلْ إلى بعض الأفكار حول كيفيَّة تشجيعهم في الربّ. فكِّرْ أيضًا في الطرق التي يمكنك من خلالها خدمة كنيستك. الآن ضعها موضع التنفيذ!

## خدمة عمليَّة

إذا كنتَ لا تزال غير متيقِّن من مواهبك الروحيَّة، اسأل قادة كنيستك كيف يمكنك المساعدة. ما هو المطلوب في كنيستك؟ اسأل زملاءك كيف يمكنك أن تصلِّي من أجلهم. ابقِ عينيك مفتوحتين عندما تجتمع كنيستك؛ هل هناك أشخاص يبدون وحيدين أو حزانى؟ هل هناك أيُّ

شخص يقف وحيدًا عند الزاوية يمكنك بدء المحادثة معه؟ هل هناك وظائف تحتاج إلى القيام بها؛ إعداد الكراسي، أو رعاية الأطفال، أو غسل الأكواب؟

نكتشف ونستخدم العطايا التي يمنحنا إيَّاها الله ونحن نسرع لخدمة كنيستنا، ونحن نذكِّر إخوتنا وأخواتنا بيسوع، ونوجِّه أولئك الذين لا يعرفون المسيح إلى مخلِّصنا العظيم.

لذا، بدلًا من قضاء تلك الدقائق العشر في ملء استبيان عن عاداتك وتفضيلاتك وسلوكياتك، خذْ الوقت الكافي لتضع نفسك أمام الله في الصلاة وتقديم حياتك من أجل خدمته ومجده. وهو سوف يعينك على ذلك. هذا أمرٌ مضمون!

### تَوَقَّف

انظر إلى فقرتنا الواردة في رومية مرَّة أخرى. قد تلاحظ شيئًا مثيرًا للاهتمام: تُعتبر الخدمة هبة. لكن انتظر؛ أليس كلُّ المسيحيِّين مدعوِّين لخدمة الآخرين؟ ماذا يجري هنا؟

## أحبُّ أن أخدم ... لكن هل لديَّ «موهبة الخدمة»؟

نعم، لا يزال صحيحًا أنَّ جميع المسيحيِّين مدعوُّون للخدمة. فليس هذا مخرجك للهرب من الخدمة! لكنَّها موصوفة في رومية ١٢: ٧ بصفتها عطيَّة، لأنَّ هناك البعض ممَّن يتفوَّقون في ذلك. يبدو أنَّ الخدمة تأتي إليهم بسهولة أكبر لأنَّهم موهوبون بشكل خاصٍّ من الله للخدمة. والأمر نفسه مع العطاء والرحمة. هذه تصرُّفات يجب على كلِّ مسيحيٍّ أن يظهرها، ولكن يتفوَّق البعض فيها.

**هل يمكنك أن تعرف لماذا فعل الله ذلك بهذه الطريقة؟**

## توضيح

فكِّرْ في تعلُّم استخدام الحاسب الآلي. هناك على الأقلّ طريقتان للقيام بذلك. يمكنك فقط الجلوس أمام إحداها والعثور على طريقك في عمليَّة طويلة من التجربة والخطأ، أو يمكنك الجلوس بجانب شخص يعرف شيئًا أو شيئين عن أجهزة الحاسوب ومشاهدتها وهي تبهرك بسحرها. بهذه الطريقة، يمكنك رؤية أيّ زرٍّ تضغط عليه، وأين يشير المؤشِّر، وكيف تقص وتلصق وما إلى ذلك. تقوم بعد ذلك بتبديل المقاعد وهي تشجِّعك وتذكِّرك وتساعدك وتعينك على بلوغ السرعة المطلوبة. بعبارة أخرى، نحن نتعلَّم بشكلٍ أفضل من خلال طلب المعونة من آخرين ثمَّ القيام بذلك جنبًا إلى جنب مع الشخص الذي يدرِّبنا، قبل أن نتركه لمواصلة الأمر بمفردنا.

هكذا هو الحال مع العطاء، على سبيل المثال. حدِّد شخصًا في كنيستك يبدو كريمًا بشكل خاصٍّ فيما يتعلَّق بوقته وممتلكاته وأمواله. شاهدْهم واسألْهم أسئلة حول هذا الموضوع. ما الذي يحفِّزهم، وكيف يستمرُّون، وكيف يعرفون أفضل طريقة للتعبير عن سخائهم؟ قد لا تصير أبدًا جيِّدًا في العطاء مثلهم، لكنَّك بالتأكيد ستصبح مُعطيًا أفضل. وقد تكتشف في الواقع أنَّ لديك هذه الموهبة أيضًا بسبب المُتعة التي تجدها في العطاء ومباركة الآخرين.

لذا، مهما كان ما تفعله، فافعلْه بشكل جيِّد وبحماس. هذه هي الطريقة التي ستعرف بها مواهبك الخاصة.

لا يعني هذا أنَّك لا تنجز أشياء أخرى! على سبيل المثال، قد يكون شخصٌ ما موهوبًا بصفته معلِّمًا، لكن لا لا يجعله يحوِّل وجهه عند الحاجة إلى خدمة الرحمة. هذا يعني ببساطة أنَّه يمكنك الاستثمار والتميُّز في تلك المواهب التي يبدو أنَّ الربَّ يستخدمها للتأثير في الآخرين ومباركتهم وتشجيعهم وتقويتهم.

## اثبتوا

في كلِّ هذه الأمور، ضع في اعتبارك أنَّ الهدف من المواهب الروحيَّة هو تقوية إخوتنا وأخواتنا في إيمانهم بيسوع. فكِّرْ في العالم الذي نعيش فيه والخطيَّة التي لا تزال تصيبنا، ويمكنك أن ترى مدى أهميَّة ذلك. نحن بحاجة ماسَّة إلى بعضنا البعض إذا أردنا أن نقف بثبات في يسوع ونقاوم التجارب من العالم، ومن أجسادنا ومن إبليس. اقلب بضع صفحات فقط من تعليمات بولس إلى كنيسة كورنثوس حول المواهب الروحيَّة وستجده يغادر نفس الكنيسة مع هذه التعليمات النهائيَّة:

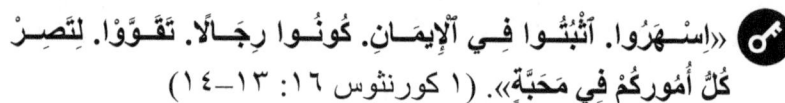

**«اِسْهَرُوا. ٱثْبُتُوا فِي ٱلْإِيمَانِ. كُونُوا رِجَالًا. تَقَوَّوْا. لِتَصِرْ كُلُّ أُمُورِكُمْ فِي مَحَبَّةٍ».** (١ كورنثوس ١٦: ١٣-١٤)

لن يحتاجوا إلى أن يؤمروا «بالثبات في الإيمان» إذا لم يكونوا عرضة للتذبذب. ينطبق نفس الشيء علينا! إنَّ قلوبنا الضالَّة تميل إلى الشكِّ وعدم الإيمان. لذلك دعونا نسعى بنشاط لتقوية بعضنا البعض في الربِّ. ابحثْ عن المجالات التي قد يصارع فيها إخوتك وأخواتك من أجل الوثوق بالله، واحضرْ معهم لمساعدتهم على الثبات.

هذه هي قوَّة الروح فيك، التي تؤهِّلك لكي تحبَّ وتبني جسد المسيح. هذا ما تبدو عليه الرعاية والخدمة المعزَّزة بالروح.

## آيات للحفظ

**«لِيَكُنْ كُلُّ وَاحِدٍ بِحَسَبِ مَا أَخَذَ مَوْهِبَةً، يَخْدِمُ بِهَا بَعْضُكُمْ بَعْضًا، كَوُكَلَاءَ صَالِحِينَ عَلَى نِعْمَةِ ٱللهِ ٱلْمُتَنَوِّعَةِ».** (١ بطرس ٤: ١٠)

## مُلخَّص

بدلًا من النظر إلى الداخل لاكتشاف مواهبك الروحيَّة، احفر بعمق في خدمة كنيستك المحليَّة. في عمليَّة الخدمة، ستصبح مواهبك أكثر وضوحًا. يجب أن تكون رغبتنا النهائيَّة هي تقوية إيمان إخوتنا وأخواتنا بيسوع، وتوجيه الضالِّين إلى مُخلِّصنا الجميل!

## ما المقصود؟

مواهبنا هي
لتقوية الكنيسة،
الآن وإلى الأبد.

# ٩- وضع مواهبي في الخدمة

## مُلخَّص لما تعلَّمناه

لقد غطَّينا العديد من جوانب الخدمة بوصفنا أتباع يسوع. نأمل أن يكون الموضوع الرئيسي في ذهنك هو أنَّ الله هو البطل؛ نحن نخدم لأنَّه خدمنا أوَّلًا! لم يصنعنا فقط وخلَّصنا حتَّى نخدم؛ بل إنَّه يمدُّنا بروحه لكي نخدم كنيسته. كلُّ ما نفعله من خير هو بفضله، ولا نصنع خيرًا إلَّا منه! دعونا نستمتع بهذه الحقيقة الآن ونحن نفكِّر في استخدام مواهبنا.

يدور الفصل الأخير حول الاستمرار في ذلك. لقد رأينا أنَّ المواهب الروحيَّة يمنحها الروح القدس لتقوية جسد المسيح. لكنَّ قبل أن نفكِّك الكثير ممَّا قد يبدو عليه استخدام مواهبنا، سيكون من المفيد التعمُّق أكثر في سبب حاجتنا إليها.

## جيمس

يأتي جيمس ليحدِّثك عن بعض الأشخاص الذين كان يتحدَّث معهم عبرَ الإنترنت حول المواهب الروحيَّة. «يقولون إنَّك تعوقني عن الخدمة. إنَّني بحاجة إلى إطلاق قوَّة الروح القدس في حياتي لأصبح أفضل بقدر المستطاع. يقولون إنَّني أفتقد بركة قوَّة الروح القدس. هل هذا صحيح؟»

### تَوَقَّف

كيف نجيب عن سؤال جيمس؟

## لماذا نقتني مواهب الروح؟

تأمَّل هذين المقطعين من رسالة بولس إلى الكنيسة في رومية:

### ١. رومية ١: ١١-١٢

«**لِأَنِّـي مُشْـتَاقٌ أَنْ أَرَاكُـمْ، لِكَـيْ أَمْنَحَكُـمْ هِبَـةً رُوحِيَّـةً لِثَبَاتِكُـمْ، أَيْ لِنَتَعَزَّى بَيْنَكُمْ بِٱلْإِيمَانِ ٱلَّذِي فِينَا جَمِيعًا، إِيمَانِكُمْ وَإِيمَانِي**».

يرى بولس المواهب الروحيَّة وسيلة لتقوية المؤمنين في رومية.

لاحظ أنَّه لا يفكِّر في أيَّة مواهب معيَّنة.

عبارة «**هِبَةً رُوحِيَّةً**» غامضة عن عمد. ويتمثَّل طموحه ببساطة في أنَّه يمكن تقويتهم وتشجيعهم بواسطة خدمته. قد يبدو هذا مختلفًا اعتمادًا على الموقف: ربَّما عندما كان بولس يعلِّم الكتاب المُقدَّس، قد تحدَّى شخصًا ما للتفكير في استخدام بيته أكثر، وبالتالي تعلَّم كيفيَّة التفوُّق في موهبة الضيافة. أو ربَّما أنَّ الرسول بولس كان قد تحدَّث إلى شخص ما واقترح عليه أن ينضمَّ إليه في رحلة إرساليَّة لتعلُّم كيفيَّة شرح الإنجيل للناس. لكن لاحظ، في الآية ١٢، إنَّه طريق من اتِّجاهين: سيكون بولس المستفيد والداعم. سيكون مُبارَكًا ومُبارِكًا. هذه هي الطريقة التي يعمل بها الأمر دائمًا في ملكوت الله.

## ٢. رومية ١٢: ٣-٨

**«فَإِنِّي أَقُولُ بِٱلنِّعْمَةِ ٱلْمُعْطَاةِ لِي، لِكُلِّ مَنْ هُوَ بَيْنَكُمْ: أَنْ لَا يَرْتَئِيَ فَوْقَ مَا يَنْبَغِي أَنْ يَرْتَئِيَ، بَلْ يَرْتَئِيَ إِلَى ٱلتَّعَقُّلِ، كَمَا قَسَمَ ٱللهُ لِكُلِّ وَاحِدٍ مِقْدَارًا مِنَ ٱلْإِيمَانِ. فَإِنَّهُ كَمَا فِي جَسَدٍ وَاحِدٍ لَنَا أَعْضَاءٌ كَثِيرَةٌ، وَلَكِنْ لَيْسَ جَمِيعُ ٱلْأَعْضَاءِ لَهَا عَمَلٌ وَاحِدٌ، هَكَذَا نَحْنُ ٱلْكَثِيرِينَ: جَسَدٌ وَاحِدٌ فِي ٱلْمَسِيحِ، وَأَعْضَاءٌ بَعْضًا لِبَعْضٍ، كُلُّ وَاحِدٍ لِلْآخَرِ. وَلَكِنْ لَنَا مَوَاهِبُ مُخْتَلِفَةٌ بِحَسَبِ ٱلنِّعْمَةِ ٱلْمُعْطَاةِ لَنَا: أَنُبُوَّةٌ فَبِٱلنِّسْبَةِ إِلَى ٱلْإِيمَانِ، أَمْ خِدْمَةٌ فَفِي ٱلْخِدْمَةِ، أَمِ ٱلْمُعَلِّمُ فَفِي ٱلتَّعْلِيمِ، أَمِ ٱلْوَاعِظُ فَفِي ٱلْوَعْظِ، ٱلْمُعْطِي فَبِسَخَاءٍ، ٱلْمُدَبِّرُ فَبِٱجْتِهَادٍ، ٱلرَّاحِمُ فَبِسُرُورٍ».**

بصفتنا مسيحيِّين، فإنَّنا ننتمي جميعًا إلى مجموعة أكبر. تُعطى المواهب لمساعدتنا على المساهمة وبناء الآخرين في تلك المجموعة. من المستحيل المبالغة في أهميَّة العبارة التي يستخدمها بولس: **أننا أعضاء بعضنا لبعض**. أليس هذا مذهلًا، ومخيفًا!

يوافق معظمنا على الإقرار بأنَّنا ننتمي كلُّنا إلى الربِّ، لكنَّنا أقلُّ ثقة بقليل عندما نقرأ أنَّنا **ننتمي** إلى بعضنا البعض. فهذا شيء يُقيِّد أسلوبي ويسلبني إحساسي بالحريَّة الشخصيَّة. يقول بولس إن هذا صحيح جدًّا! يشير بولس إلى كنيسة محليَّة، ولا يستطيع التفكير للحظة في أن يكون مسيحيًّا ولا ينتمي إلى كنيسة. في تلك الكنيسة، نساهم جميعًا ونستفيد جميعًا.

**الكنيسة المحليَّة هي السياق الأساسيُّ لاستخدام مواهبنا.**

لاحظ أنَّني قلتُ السياق **الأساسيَّ**. إنَّه ليس السياق الوحيد، بأيِّ حال من الأحوال. يجب أن تكون مواهبنا بركة للآخرين، أيًّا كانوا. يمكن استخدام موهبة الإدارة أو التدبير (نعم، إنَّها موجودة بالفعل؛ انظر ١ كورنثوس ١٢: ٢٨ ... ولكن كُفْ عن دهشتك!) لمباركة الآخرين من خلال إدارة مركز استقبال للمشرَّدين. يساعدنا بولس على التمييز في غلاطية ٦: ١٠، عندما يكتب: «**فَإِذًا حَسْبَمَا لَنَا فُرْصَةٌ، فَلْنَعْمَلِ ٱلْخَيْرَ لِلْجَمِيعِ، وَلَا سِيَّمَا لِأَهْلِ ٱلْإِيمَانِ**». لذا استخدِم أيَّة مواهب وأيَّة قدرات تمتلكها لصالح كلِّ شخص بقدر استطاعتك، ولكن تأكَّد من القيام بذلك مع وضع المسيحيِّين الآخرين في الاعتبار.

## أعضاء كثيرة، جسدٌ واحد

تخيَّل جسدًا به أصابع قدم فقط وبدون أصابع يد، أو بثلاثة أنوف بدون عينين. ربَّما تقع أمور غريبة لا شكَّ. لكنَّنا نعلم جميعًا أنَّ الأمر لا ينبغي أن يكون على هذا النحو. إنَّ أجسادنا مصمَّمة بدقَّة بحيث يساهم كلُّ جزء من أجزاء الجسم في عمل الكلِّ. يكفي أنفٌ واحد وكلتا العينين لأقصى قدر من الرؤية. لهذا يستخدم بولس هذا الرسم التوضيحيَّ للحديث عن المواهب الروحيَّة لكنيسة كورنثوس المنقسمة:

«**لَوْ كَانَ كُلُّ ٱلْجَسَدِ عَيْنًا، فَأَيْنَ ٱلسَّمْعُ؟ لَوْ كَانَ ٱلْكُلُّ سَمْعًا، فَأَيْنَ ٱلشَّمُّ؟ وَأَمَّا ٱلْآنَ فَقَدْ وَضَعَ ٱللهُ ٱلْأَعْضَاءَ، كُلَّ وَاحِدٍ مِنْهَا فِي ٱلْجَسَدِ، كَمَا أَرَادَ. وَلَكِنْ لَوْ كَانَ جَمِيعُهَا عُضْوًا وَاحِدًا، أَيْنَ ٱلْجَسَدُ؟ فَٱلْآنَ أَعْضَاءٌ كَثِيرَةٌ، وَلَكِنْ جَسَدٌ وَاحِدٌ.**

**لَا تَقْدِرُ ٱلْعَيْنُ أَن تَقُولَ لِلْيَدِ: «لَا حَاجَةَ لِي إِلَيْكِ!». أَوِ ٱلرَّأْسُ أَيْضًا لِلرِّجْلَيْنِ: «لَا حَاجَةَ لِي إِلَيْكُمَا!». بَلْ بِٱلْأَوْلَى أَعْضَاءُ ٱلْجَسَدِ ٱلَّتِي تَظْهَرُ أَضْعَفَ هِيَ ضَرُورِيَّةٌ. وَأَعْضَاءُ ٱلْجَسَدِ ٱلَّتِي نَحْسِبُ أَنَّهَا بِلَا كَرَامَةٍ نُعْطِيهَا كَرَامَةً أَفْضَلَ. وَٱلْأَعْضَاءُ ٱلْقَبِيحَةُ فِينَا لَهَا جَمَالٌ أَفْضَلُ. وَأَمَّا ٱلْجَمِيلَةُ فِينَا فَلَيْسَ لَهَا ٱحْتِيَاجٌ. لَكِنَّ ٱللهَ مَزَجَ ٱلْجَسَدَ، مُعْطِيًا ٱلنَّاقِصَ كَرَامَةً أَفْضَلَ، لِكَيْ لَا يَكُونَ ٱنْشِقَاقٌ فِي ٱلْجَسَدِ، بَلْ تَهْتَمُّ ٱلْأَعْضَاءُ ٱهْتِمَامًا وَاحِدًا بَعْضُهَا لِبَعْضٍ. فَإِنْ كَانَ عُضْوٌ وَاحِدٌ يَتَأَلَّمُ، فَجَمِيعُ ٱلْأَعْضَاءِ تَتَأَلَّمُ مَعَهُ. وَإِنْ كَانَ عُضْوٌ وَاحِدٌ يُكَرَّمُ، فَجَمِيعُ ٱلْأَعْضَاءِ تَفْرَحُ مَعَهُ. وَأَمَّا أَنْتُمْ فَجَسَدُ ٱلْمَسِيحِ، وَأَعْضَاؤُهُ أَفْرَادًا».** (١ كورنثوس ١٢: ١٧–٢٧)

هل يمكنك إدراك الموضوع الأساسي هنا؟ مثلما جاء في رسالة رومية، يقرُّ بولس بالحقيقة المجيدة بأنَّ كلَّ عضو في جسد المسيح ضروريٌّ للكلِّ. **وهو يقصدك أنت!** ليس من جزء صغير من الجسم لا يحتاجه الجسد كلُّه، وينطبق الشيء نفسه على الكنيسة. نحن، بعد كلِّ شيء، جسدُ المسيح!

## مباركون لنخدم

يريد مجتمعنا الفرديُّ أن يجعل كلَّ شيء يدور حولي **أنا**؛ يصبح للشيء معنى إذا كان يحرِّكني؛ والموهبة ذات قيمة إذا كانت تهمني. ولكن إذا كنَّا جزءًا من جسد المسيح، إذًا فإنَّ إتباع يسوع يعني أنَّنا مهتمون به وبالآخرين! عندما يجعل جزء من الجسم نفسه أعظم أو أكبر من البقيَّة، يكون له تأثير سرطانيٌّ في تدمير الجسم.

يجب أن ننظر إلى المواهب الروحيَّة بواسطة عدسة الكنيسة، أو سينتهي بنا الأمر إلى جعلها تدور حولنا وبالتالي تخلق الانقسام في جسد المسيح الواحد.

دعونا نحلِّل هذا قليلًا: ليست المواهب الروحيَّة **لنا** بصفتنا أفرادًا. إنَّها بالتأكيد ليست من أجل قوَّتنا أو مركزنا أو شعبيَّتنا. هناك معلِّمون زائفون استخدموا ما يسمَّى بالمواهب الروحيَّة لجلب المجد والثروة لأنفسهم. لا يختلف جذر هذه الخطيَّة عن أصل كلّ الخطيَّة: نريد أن نكون كالله. نريد القوَّة والمجد الذي يخصُّ الربَّ وحده.

من السهل ملاحظة حدوث ذلك في العديد من الكنائس في جميع أنحاء العالم. على سبيل المثال، لدى شخص ما موهبة التعليم/الكرازة.

يخلص الناس من خلال خدمتهم.

تبدأ كنيستهم في النموِّ.

تصبح الخدمات مكتظَّة بالكامل.

استخدم الربُّ الوُعَّاظ والمعلِّمين الموهوبين عبر القرون؛ رجال مثل تشارلز سبرجن (Charles Spurgeon) ومارتن لويد جونز (Martyn Lloyd–Jones). لكن قد تصير هذه الموهبة ملتوية ومقلوبة بسهولة. يمكن أن يتمركز كلُّ شيء سريعًا حول الواعظ وحسب، ويمكن أن يصبح المنبر منصَّة له لعرض ما يمتلكه. لا يصير الناس نافعين إلَّا إذا كانوا يتملَّقون كبرياء الواعظ.

لكنَّ الكتاب المُقدَّس يوضِّح أنَّ أيَّ شيء حصلنا عليه – أيَّة قوَّة، أيَّة قدرة، أيَّة ثروة، أيَّة بركة، أيَّ مورد، أيَّ شيء على الإطلاق – فقد حصلنا عليه **من** الله ولتشجيع وبناء وتقوية شعب الله. نحن بحاجة إلى الاستمرار في تذكُّر أنَّه أيًّا كان من يدور حوله الأمر، فهو لا يتعلَّق بي!

هذا هو السبب في أنَّه من المنطقيِّ أن يكون لديك فصلان عن المواهب الروحيَّة في كتاب عن الخدمة. في أبسط تعريف لها، المواهب الروحيَّة هي **من أجل** الخدمة. نحن مدعومون بشكل مجيد وجميل وكافي لخدمة بعضنا البعض، حتَّى نجلب معًا مجد الله الآب ونجعل الله الابن معروفًا بقوَّة الله الروح.

وهذا هو رجاؤنا العظيم! نحن نخدم الآخرين من أجل معرفة يسوع من خلال القوَّة التي يمنحها الروح القدس. لا يعتمد دورنا في جسد المسيح علينا، بل على قوَّة من يعمل بقوَّة فينا ومن خلالنا.

## واضعون مواهبنا قيد الاستخدام؛ كيف سنستيقظ غدًا؟

يُلخِّص جون بايبر كلَّ هذا بشكلٍ عملي من خلال تركيز رؤيتنا على الواقع العمليِّ لكيفيَّة عيشنا.

كيف نستيقظ غدًا؟

ماذا ستكون رغبتنا وهدفنا؟

«... المشكلة الأساسيَّة هي أن تصبح من النوع الذي يستيقظ في الصباح، يشكر الله على خلاصه العظيم، ثمَّ يقول: يا رب، كم أريد تقوية إيمان الناس اليوم. دبِّر يا رب أنَّه في نهاية هذا اليوم سيكون شخصٌ ما أكثرَ ثقة بوعودك وأكثرَ بهجة في نعمتك لأنَّني مررتُ بطريقه».[١]

هذا كلام لا يحتاج إلى إعادة التفكير فيه، أليس كذلك؟ إنَّ امتلاك هذا النوع من المواقف ووجهة النظر في الحياة هو أكثر جاذبيَّة بكثير من أن يتم تناول الموضوع من قِبَلي «أنا».

ولكن ليس هذا شيئًا جديدًا. لقد كان هذا هو الموضوع الرئيسي في كتابنا. الأهمُّ من ذلك، سيكون الموضوع الرئيسي في الأبديَّة. ستكون الحياة في الخليقة الجديدة التي يأتي بها الله حياة خدمة مُخلصة وشاكرة ومتواضعة ومتحمِّسة. لا أحد يحصل على ترقية فوق رتبة خادم لأنَّه لا توجد رتبة أعلى.

إنَّ حياة الخدمة المُبهجة هنا والآن إنَّما تهيِّئنا لحياة خدمةٍ سعيدة في الأبديَّة. وعندما أفكِّر في الأمر بهذه الطريقة، أتحمَّس تمامًا للخروج والخدمة. ففي النهاية، هذا ليس فقط ما فعله يسوع فقط، بل هذا ما هو عليه يسوع!

---

1 John Piper, http://www.desiringgod.org/messages/spiritual–gifts, accessed on 1st September, 2017.

## آيات للحفظ

«وَكُلُّ مَا فَعَلْتُمْ، فَٱعْمَلُوا مِنَ ٱلْقَلْبِ، كَمَا لِلرَّبِّ لَيْسَ لِلنَّاسِ». (كولوسي ٣: ٢٣)

## مُلخَّص

كلُّ مؤمن هو جزءٌ بل عضو في جسد المسيح. نحن ننتمي إلى بعضنا البعض، والمواهب التي قُدِّمت لنا ذات أهميَّة حيويَّة لصحَّة الجسد كلِّه. لذلك فإنَّ صلاتنا وهدفنا هو أن نستيقظ كلَّ يوم تعمل فينا الرغبة في تقوية إيمان إخوتنا وأخواتنا. نتطلَّع إلى مستقبلنا المجيد؛ إلى الحياة الأبديَّة في الخدمة مع عائلتنا المَفديَّة والملك الخادم الذي خدمنا بخلاصنا من خطايانا.

# الخطوات العشر الأولى

هذه السلسلة من الكتب الدراسية للتلمذة والتعليم الكتابي، من سلسلة الخطوات العشر الأولى لـ 9Marks، مُصمَّمة لتساعدك على التفكير بعمق في بعض الأسئلة المهمة في الحياة.

١ – **اللهُ**: هل هو موجود؟

٢ – **الحرب**: لماذا أصبحت الحياة أكثر صعوبة؟

٣ – **الأصوات**: لمن أُنصت؟

٤ – **الكتاب المُقدَّس**: هل يمكننا أن نثق به؟

٥ – **آمِن**: ماذا ينبغي أن أعرف؟

٦ – **الشخصية**: كيف أتغيَّر؟

٧ – **التدريب**: كيف أعيش وأنمو؟

٨ – **الكنيسة**: هل ينبغي عليَّ أن اذهب إليها؟

٩ – **العلاقات**: كيف أُصحِّح الأمور؟

١٠ – **الخدمة**: كيف أعطي مقابل ما أخذت؟

سلسلة بناء الكنائس الصحيحة 9Marks IX

## هل تنعمُ كنيستك بالصحَّة؟

**تهدفُ هيئة "9Marks" لتزويد قادة الكنائس بمصادر كتابيَّة وعمليَّة، لإظهار مجد الله للأمم من خلال الكنائس الصحيحة.**

من أجل هذا الهدف نريد أن نساعد الكنائس على النموِّ في العلامات التسع للصحَّة، والتي كثيرًا ما يتمُّ إغفالها:

١. الوعظ التفسيريّ
٢. اللاهوت الكتابيّ
٣. الفهم الكتابيّ لبشارة الإنجيل
٤. الفهم الكتابيّ للاهتداء
٥. الفهم الكتابيّ للكرازة
٦. العضويَّة الكنسيَّة
٧. التأديب الكنسيّ الكتابيّ
٨. التلمذة الكتابيَّة
٩. القيادة الكنسيَّة الكتابيَّة

نكتبُ في "9Marks" مقالاتٍ، وكتبًا، وتقييماتٍ لكتب، كما نُصدرُ مجلّةً إلكترونيَّة، وأيضًا نعقدُ مؤتمراتٍ، ونقومُ بتسجيل مقابلاتٍ وننتج مصادر أخرى لتمكين الكنائس من إظهار مجد الله.

قم بزيارة موقعنا الإلكترونيِّ لتجد محتوىً بأكثر من ٣٠ لغة، كما يمكنك تسجيل دخولك على موقعنا لتحصل على مجلَّتنا الإلكترونيَّة المجانيَّة. يمكنك أن تجد قائمة بمواقعنا الأخرى الخاصَّة بلغات مختلفة على هذا الرابط: 9marks.org/about/international-efforts/.

**9Marks.org**

20schemes
Gospel Churches for Scotland's Poorest

توجد خدمة 20schemes لتأتي برجاء الإنجيل إلى أفقر مجتمعات إسكتلندا من خلال تنشيط وزرع كنائس صحيحة تعظ بالإنجيل، ويقودها في النهاية جيل المستقبل من قادة الكنيسة المحلية.

«إن كنّا سنرى حقًّا اختلافًا في حياة السكّان في أفقر مجتمعاتنا، فعلينا أن نقبل بسرور استراتيجية جذرية وطويلة المدى تأتي برجاء الإنجيل إلى آلاف لا يُعدُّون ولا يُحصون».

**ميز مكونيل**، مدير الخدمة

نؤمن أن بناء كنائس صحيحة في أفقر مجتمعات إسكتلندا سوف يجلب تجديدًا حقيقيًّا ودائمًا وطويل المدى إلى حياة أشخاص لا يُحصون.

الاحتياج مُلِح

تعلّم المزيد عن عملنا وكيفية المشاركة معنا من:
20chemes.com
Twitter.com/20schemes
Facebook.com/20schemes
Instagram.com/20schemes

# مطبوعات Christian Focus

## رسالتنا

### البقاء أمناء

بالاعتماد على اللهُ نسعى إلى إحداث تأثير في العالم من خلال منتجات أدبية أمينة لكلمته المعصومة، الكتاب المُقدَّس. هدفنا هو ضمان تقديم الرب يسوع المسيح بصفته الرجاء الوحيد للحصول على غفران الخطية، وعيش حياة نافعة والتطلع للسكن في السماء معه.

كتبنا مطبوعة من خلال أربعة ناشرين:

**Christian Focus**

أعمال منتشرة تضم السِيَر الذاتية، والتفاسير، والعقائد الأساسية، والحياة المسيحية.

**Christian Heritage**

كتب تُقدِّم بعضًا من أفضل المواد من إرث الكنيسة الغني.

**Mentor**

كتب مكتوبة على مستوى مناسب لطلبة كليات اللاهوت والكتاب المُقدَّس والرعاة والقُرَّاء الجادين. تشمل المطبوعات تفاسير، ودراسات في العقيدة، وفحص للمشاكل الحالية، وتاريخ الكنيسة.

**C F 4.K**

كتب للأطفال للتعليم المسيحي الجيِّد ولكل المجموعات العمرية:

مناهج لمدارس الأحد، كتب، بازل، وأنشطة؛ وعناوين خاصة بالدراسة التعبُّدية العائلية والشخصية، سِيَر وقصص ملهمة – لأنك لست أصغر من أن تعرف يسوع!

رسالتنا: نحن خدمة تعليمية هدفها تجديد الذهن وتثبيت وتأصيل المؤمنين في كلمة الله المُقدَّسة وتقديم خدمة المشورة الفردية والأسرية بهدف الاسترداد الكتابي لمجد الله والرب يسوع المسيح.

**للتواصل معنا**


WhatsApp +201211583580 – +201210150752

Social Media: https://www.facebook.com/mashoraketabyya

https://t.me/zehngadiid

https://twitter.com/zehngadid?s=09

Website: www.zehngadid.org

Email: info@zehngadid.org

I0536260

www.ingramcontent.com/pod-product-compliance
Lightning Source LLC
Chambersburg PA
CBHW071200120626
46546CB00006B/2350
*9781958168288*